富士山 富士五湖 富士宮

Contents ①

登上日本第一吧！

附錄
正面 富士山登山MAP
背面 富士山周邊開車自駕 計畫出遊MAP

利用本書前請詳細閱讀下列事項

本書刊載的內容為2016年7月～2017年5月時採訪、調查時的資訊。本書出版後，餐廳的菜單與商品內容、費用等各種刊載資訊有可能變動，也可能依季節而有變動或臨時休業的情況。因為消費稅的調高，各項費用可能變動，因此會有部分設施的標示費用為稅外的情況，消費之前請務必確認後再出發。此外，因本書刊載內容而造成的糾紛和損害等，敝公司無法提供補償，請在確認此點之後再行購買。

●各種資訊使用以下的方式刊載

✆**電話號碼** 刊載的電話號碼為各設施的洽詢用電話號碼，因此可能會出現非當地號碼的情況。使用衛星導航等設備查詢地圖時，可能會出現和實際不同的位置，敬請留意。

營業時間・開館時間 營業時間・開館時間為實際上可以使用的時間。基本上餐飲店為開店到最後點餐時間，各種設施為開館到可入館的最終時間。

休**公休日** 原則上只標示出公休日，基本上省略過年期間、黃金週、盂蘭盆節和臨時休業等情況。

¥**費用・價錢** ●各種築施的費用基本上為大人1人份的費用。●住宿費原則上是一般客房的1房費用，附餐點時則標示2人1房時1人份的費用，金額包含各種稅金、服務費在內的費用，可能依季節、星期、房型而有所變動，預約時請務必確認。

所**地址** 各設施位於的場所。自然景點僅為大略標示，使用衛星導航設定時請務必注意。

交通方式 原則上標示出最近的車站，所需時間僅為預估值，可能因季節、天候和交通機關的時刻表更動而有所不同。

P**停車場** 標示出是否有停車場。標示的台數為該設施的專用停車場能停放一般客車的台數。

MAPPLE まっぷる 哈日情報誌 人人出版

前進日本！最夯景點

日本最暢銷旅遊情報誌！

旅遊日本的新模式

結合強大APP 規劃旅程超Smart

富士山 富士五湖 富士宮

Contents ❷

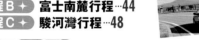

四季遊玩

用相機收藏那美麗的瞬間吧！

布滿富士山腳下的
粉紅絨毯

富士芝櫻祭

近24000m²的遼闊地面上，約有80萬株芝櫻百花爭妍。白雲繚繞的壯麗富士山與爭奇鬥艷的芝櫻組合精采絕倫。

☎0555-89-3031
（富士芝櫻祭事務局）
📅4月14日～5月27日，8:00～17:00 🈺活動期間無休 💰門票大人600日圓，3歲～國小生250日圓 🚉山梨縣富士河口湖町本栖212 富士本栖湖リゾート內 🚌富士急行河口湖站搭接駁專車約30分鐘（僅限活動期間）🅿1000輛

MAP P.95 B-2

📷攝影記！ 時期 5月上旬～中旬最適合觀賞。活動期間也有許多其他花卉點綴會場。場所 位於會場西側的「瞭望廣場」，可從離地3.8m的高處眺望富士山與芝櫻。

春
Spring

大淵笹場茶園

富士山大淵地區布滿了美麗的茶園，在此可欣賞茶產地・靜岡縣的特有景致。望著眼前富士山與嫩芽的清新綠意，會讓人想大口深呼吸。

➡請看 ✈45

MAP P.97 C-2

📷攝影記！ 時期 建議於茶園開始出現嫩芽的4月下旬～5月上旬造訪。場所 從停車場往茶園右邊的道路前進，請勿未經許可擅入茶田。

嫩芽閃耀的
靜岡風景詩

欣賞充滿日本風情的
櫻花與富士山

新倉山淺間公園的
五重塔與櫻花

此處為可飽覽富士山和富士吉田市容的名勝。爬上398階的「咲耶姬階梯」後，忠靈塔、櫻花與富士山美景在眼前展開，可謂日本之美。

☎0555-21-1000
（富士吉田觀光振興服務）
📅日出～日落 🈺無休 💰免費 🚉山梨縣富士吉田市新倉3353 1 🚉富士急行下吉田站步行10分 🅿07輛

MAP P.94 D-1

📷攝影記！ 時期 每年的最佳賞櫻時期在4月中旬，總吸引許多遊客前來。場所 位在忠靈塔後方的瞭望露台，為可眺望富士山與五重塔的絕佳賞景點。

Grinpa的鬱金香

森林公園Grinpa裡有大片鬱金香花田，150種共21萬株顏色與姿態各不相同的鬱金香，將身後的富士山點綴得華麗無比。

☎055-998-1111
📅9:30～17:00（視時期而異）🈺週三及部分週二（黃金週、暑假、過年期間等旺季則營業）💰大人1200日圓，兒童及銀髮族（60歲以上）800日圓；一日券大人3500日圓，兒童及銀髮族（60歲以上）2600日圓 🚉靜岡縣裾野市須山藤原2427 🚌JR御殿場站搭乘往森林公園ぐりんぱ方向的巴士50分，於ぐりんぱ下車即到 🅿1200輛

MAP P.96 D-1

📷攝影記！ 時期 4月下旬～5月上旬為最佳時節，可以賞花至5月下旬。場所 鬱金香怒放的「鬱金香之丘」，與富士山相映成趣。

鮮豔的花田宣告
春天來臨了

光芒灑落大地
無可超越的瞬間

富士山

夏 Summer

日本第一高峰富士山，春夏秋冬都會斬露
不同的美貌。讓我們一起出發，欣賞隨著
四季變化有所不同的富士山獨特風景吧！

來自富士山的御來光

從地平線上升起的神聖
晨曦，是登上富士山最美
麗的風景。許多人為了
這短暫的一瞬間而登山，
見到洗滌心靈的景象，疲
勞也瞬間消失。

 時期 開放登山期間的7月上
旬～9月上旬，可在山頂欣
賞到御來光（日出光環）。
場所 建議在每條路線的八合目～山
頂附近欣賞。吉田路線和須走路線，
則是在登山步道上也可看得清楚。

還有很多！不登山就看不到的美景！

山頂火口
火山口直徑約700m，其
粗曠的樣貌述說著反覆
噴發的歷史。繞火山口
一周的行為稱作鉢巡。

綿延曲折的登山步道
陡峭斜面上的登山步道
以Z字形相連，在綿延曲
折的登山步道上並列著
的山中小屋光景，堪稱
夏天富士山的風景詩。

寶永火口
位在富士山半山腰，於
1707年的寶永大噴火中
誕生。火山口面積比山
頂的火山口要大，非常
壯觀。

天上山公園的繡球花

標高1075m的天上山聳立
於河口湖畔，半山腰約有
10萬株的繡球花繁花錦
簇。此處步道整備完善，
可以一邊欣賞富士山與繡
球花一邊恣意散步。

☎0555-72-1115
（富士河口湖町農林課）
🚶自由參觀 🚠（如搭乘Kachikachi山纜
車）單程450日圓 📍山梨縣富士河口湖町
淺川 🚃搭乘Kachikachi山纜車3分，山
頂站步行15分 🅿13輛

MAP P.98 C-2

10萬株繡球花與藍天相互輝映

時期 因海拔
高而會略晚
於平地，因此
7月中旬～8月上旬造
訪為佳。
場所 建議可以從
Kachikachi山纜車的
山頂站，循著步道往
下走15分到NAKABA
平瞭望台。

河口湖畔有整片的淡紫色花朵和宜人香氣

大石公園的薰衣草

大石公園擁有隔著河口湖眺
望富士山的美景。初夏時節，
湖畔有沁涼的紫色點綴，還
會舉辦香草嘉年華。

時期 建議可於舉辦香草
嘉年華的6月15日～7月8
日前來。
場所 河口湖北岸的大石公園。從
公園停車場旁開始，可看到沿著
湖岸的整片薰衣草。

→ 請看 ⬆42

MAP P.98 B-1

在秋日陽光下閃耀著
一望無際的花田

四季遊玩 富士山

秋 Autumn

山中湖花之都公園的 黃波斯菊

花之都公園四季都能欣賞到不同花卉，秋天會有近500萬株黃波斯菊綻放，將周圍染得一片橘黃，與背後聳立的富士山相映成趣。

時期 7月下旬～10月中旬，賞花期較長，可從夏天欣賞到秋天。

場所 一望無際的花田，就在廣達30萬m²的戶外免費區二號門附近。

➡️ 請看 40　**MAP** P.98 B-3

掛在天空的豔紅拱門

楓葉隧道

染上嫣紅的楓葉覆蓋了整條道路，形成了隧道，是湖北美景線的人氣拍照景點。由於就在路邊，拍照時請注意安全。

 時期 氣候轉涼，楓葉開始染紅的11月中旬為佳。

場所 道路位在河口湖北岸的留守岩濱附近。大石公園往停車場方向無法右轉，需要繞路。

📞 0555-72-3168
（富士河口湖町觀光課）
🕐 自由參觀　🏠 山梨縣富士河口湖町大石　🚃 富士急行河口湖站搭乘河口湖周遊巴士27～32分，河口湖自然生活館下車，步行20分
🅿️ 20輛　　**MAP** P.98 B-1

富士川河畔的 櫻花蝦乾

要前一天有出海，再加上當天氣候晴朗，並且有適合加工的櫻花蝦，這3樣條件都齊了才能見到如此絕美景致。

📞 054-385-7730
（清水區蒲原支所地域振興係）
🕐 3月下旬～6月上旬、10月下旬～12月下旬為7:00～14:00　🚫 活動期間的週日、假日、休漁日翌日及雨天時公休（需洽詢）　¥ 免費　🏠 靜岡縣靜岡市清水區蒲原　🚃 JR新蒲原站車程6分　🅿️ 無

MAP P.97 B-4

駿河灣的美好
妝點了富士的名勝

時期 秋天為10月下旬～12月下旬，春天為3月下旬～6月上旬的晴朗日。

場所 遍及國道1號與富士川之間，位於富士川綠地公園南側的曬蝦場。

2017年12月
富士山世界遺產中心
於富士宮市開幕！

將世界遺產・富士山的價值宣揚全世界的設施。除了舉辦能輕鬆就欣賞到富士山相關的展覽外，也提供周邊相關觀光資訊。

➡️ 請看 38　**MAP** P.100 B-2

2017年7月
河口湖湖畔的**富士大石**
HANATERASU（花園平台）開幕！

此為複合式設施，裡頭有販售山梨縣產甜點、伴手禮及日式生活雜貨的店家等等。可以在欣賞河口湖和富士山景色的同時，享受散步和購物的樂趣。

📞 055-237-5207　**MAP** P.98 B-1
（丹澤 HANATERASU 準備室）

2017年2月
富士川服務區上行線
大摩天輪誕生！

除了富士山，還能飽覽富士市市容及駿河灣風景的大摩天輪「Fuji Sky View」正式營運。夜間還會打上美麗的燈光。

🕐 10:00～21:00
¥ 1圈/700日圓　**MAP** P.97 B-3

2016年11月
來看千圓鈔上的富士山
中之倉峠觀景台完工！

在本栖湖西岸山麓設置了觀景台，可以欣賞到目前日幣千圓紙鈔上的富士山以及本栖湖的風景。登山步道濕滑，行走時請注意安全。

➡️ 請看 42　**MAP** P.99 A-1

NEW!
富士山麓新聞
出發去話題景點吧

富士山頂閃閃發亮的鑽石之禮

與冬天雪景極為相襯的天鵝姿態亦相當可愛

冬 Winter

山中湖的鑽石富士

日落時，富士山頂與太陽重疊的瞬間，會綻放出如鑽石般的閃耀光芒。在多數可見到此景的「鑽石富士週」，還會舉辦活動。

☎0555-62-9977（山中湖村觀光課）
🏠富士縣山中湖村山中湖周邊 🚃富士急行富士山站搭富士湖號巴士56分，山中湖交流プラザ前下車即到（山中湖交流廣場Kirara）
🅿208輛（山中湖交流廣場Kirara）

MAP P.98 C-4

攝影記 時期 2月上旬～下旬常可以看到。務必注意禦寒。 場所 湖的北岸看得到但會因時期而異，可事先確認好再前往。

還有很多看頭！〇〇富士！

赤富士

晚夏到初秋的日出後，朝陽將夏季無雪的山脈染得火紅。此景因江戶時代，葛飾北齋描繪的《凱風快晴》浮世繪而出名。

逆富士

此指富士山倒映於湖面的景象。在水面平靜的無風日子，可以看到有如照鏡子般的美麗逆富士。

珍珠富士

此指近滿月時的月亮通過山頂時的景況，將柔和月光比喻為珍珠，綻放著有別於鑽石富士的神秘光芒。

紅富士

冬季時出現於清晨與傍晚的光景。白雪靄靄的富士山染上朝日與夕陽的暈紅，在空氣澄澈的冬季清晨最是美麗。

冰之奧秘由大自然孕育而生

西湖樹冰祭

這項活動於西湖野鳥森林公園舉辦，高度近10m的樹冰震撼力十足。每當晚上一到，冰雕便會打上燈光，營造出夢幻的氛圍。

☎0555-72-3168（富士河口湖町觀光課）
📅1月下旬～2月上旬，自由參觀 🏠山梨縣富士河口湖町西湖2068 西湖野鳥森林公園 🚃富士急行河口湖站搭乘西湖周遊巴士43分，西湖野鳥の森公園下車即到 🅿60輛（西湖野鳥森林公園停車場）

MAP P.99 B-1

攝影記 時期 1月下旬～2月上旬。日落～21時會打燈。 場所 西湖野鳥森林公園。不妨可以逛過會場一圈，找找喜歡的樹冰吧。

河口湖冬季煙火

活動期間，20時～20時20分之間於大池公園、疊岩、八木崎公園3處施放。在有別於夏季煙火的氣氛當中，享受觀賞煙火的樂趣。

☎0555-72-3168（富士河口湖町觀光課）
📅1月中旬～2月中旬的週末，自由參觀 🏠山梨縣富士河口湖町船津 大池公園等地 🚃富士急行河口湖站搭乘河口湖周遊巴士12分，河口湖ハーブ館下車即到

MAP P.98 C-2

攝影記 時期 1月中旬～2月中旬的週末及2月23日（富士山日）。 場所 在離煙火最近的施放點大池公園，可以感受煙火的震撼力。

大朵煙花在冬季夜空綻放

邁向令人憧憬的日本第一聖山!!

登上富士山吧！

4條路線完全導覽

成功登上富士山的關鍵，在於周詳的計畫與萬全的裝備。事先蒐集好完整資訊，挑戰日本最高峰！

徹底解析通往山頂的4條路線。包括交通便利程度、體力、山屋數量等等，按照計畫選擇最適合的路線！

吉田路線
富士宮路線
須走路線
御殿場路線

登山路線有4條

登山路線共計4條，有山梨縣的吉田路線及靜岡縣的富士宮、須走、御殿場路線。在了解每條路線的特色之後，再決定要從哪條登山吧。每條路線都有其正式代表色，為避免因岔路而走錯，上山前記得要確認喔！

選擇適合自己的路線吧!!

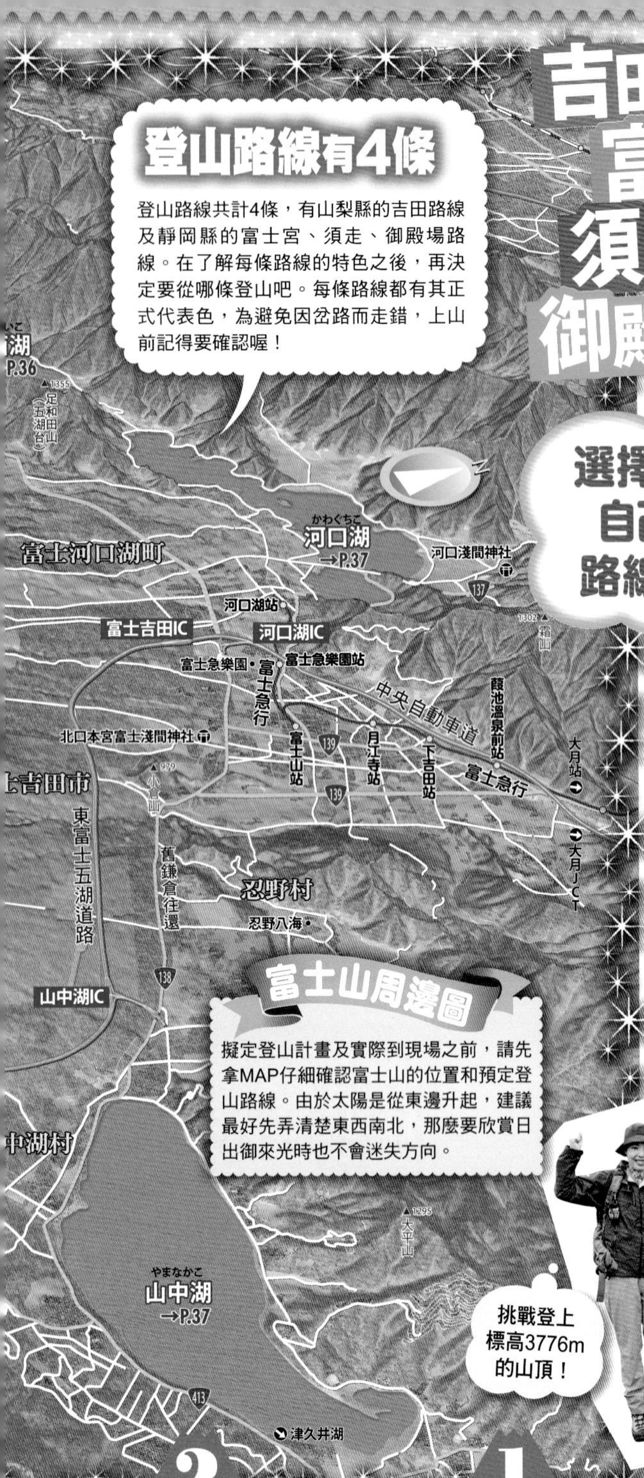

湖
P.36
1355
足和田山（五湖台）
かわぐちこ
河口湖
→P.37
富士河口湖町
河口淺間神社
137
河口湖站
富士吉田IC
河口湖IC
1302
霜山
富士急樂園
富士急樂園站
富士急行
中央自動車道
北口本宮富士淺間神社
139
富士山站
月江寺站
下吉田站
葭池溫泉前站
大月站
富士急行
富士吉田市
東富士五湖道路
舊鎌倉往還
忍野村
忍野八海
大月JCT
138
山中湖IC
中湖村
1295
やまなかこ
山中湖
→P.37
413
津久井湖

富士山周邊圖

擬定登山計畫及實際到現場之前，請先拿MAP仔細確認富士山的位置和預定登山路線。由於太陽是從東邊升起，建議最好先弄清楚東西南北，那麼要欣賞日出御來光時也不會迷失方向。

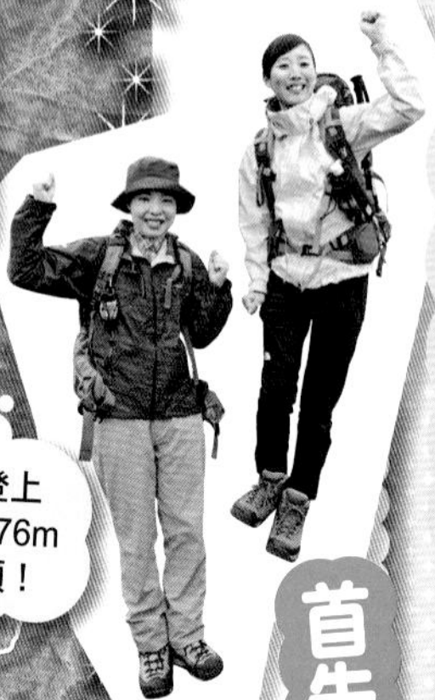

挑戰登上標高3776m的山頂！

首先想先瞭解！基本知識

1 若好好準備就算新手也可行！

即便沒有登山經驗，只要裝備齊全、計畫不過於緊湊，攻頂也是有可能的。然而，新手單獨攻頂風險偏高，因此建議與有經驗者同行，或是參加有嚮導帶隊的團體。

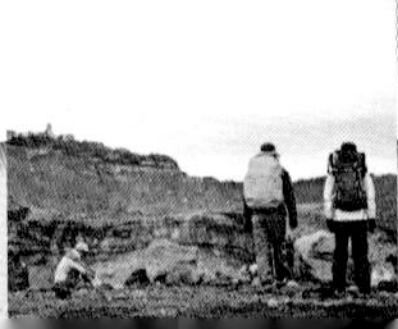

2 夏天的7~8月可上山！

富士山登山季為山屋和救護站開放的7~8月。開山時期會因殘雪狀況或路線而有所變動。2018年的閉山日為9月10日，不過因為9月氣溫低，比較適合登山老手。登山步道在9月中旬~6月底期間封閉。

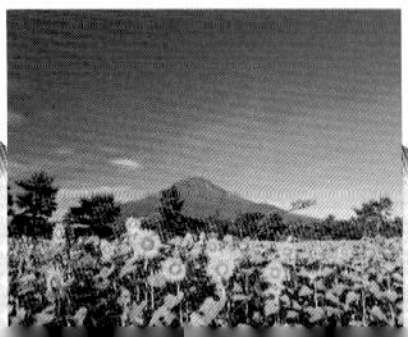

4條路線完全導覽 基礎知識 P.10

富士登山的基本Q&A P.28

詳細Q&A ...>請看到 28 ～

登山前想先瞭解富士山 P.34

南部町　山梨縣　靜岡縣

本栖湖 →P.36·42

精進湖 →P.36

田貫湖 →P.45

富士宮道路　朝霧高原

鳴澤村

...>請看到 26　+α 鉢巡

...>請看到 20　富士宮路線

...>請看到 14　吉田路線

富士山小御岳神社　富士昴線五合目

富士宮市　富士宮口五合目　富士昴線

寶永山　寶永遊步道

...>請看到 25　御殿場路線

...>請看到 24　須走路線

富士市　裾野市　御殿場市　御殿場口新五合目

古御岳神社　須走口五合目

自衛隊北富士演習場

山梨縣　靜岡縣

籠坂隧道

御殿場　須走IC

富士山 山頂氣溫數據

氣溫（度）

● 最高氣溫　● 最低氣溫

適合資深登山者的時節　登富士山的最佳時節

12月	11月	10月	9月	8月	7月	6月	5月	4月	3月	2月	1月

最高氣溫：-1.9、7.5、9.5、8.4、4.4、1.9、2.9、-2.9、-3.4、-10.9、-14.0
　　　　　　3.7（方框中）
最低氣溫：-5.3、-3.6、1.9、3.7、2.9、-1.3、-4.0、-9.9、-10.9、-14.2、-20.0
-10.5、-11.3、-16.8、-20.6、-17.6

※氣溫參照自氣象廳觀測數據

2016年

山頂氣溫就是這麼低！

海拔高度每上升100m，氣溫就會下降約0.6度，因此富士山頂的氣溫預估比平地少22度。2016年8月的富士山平均最低氣溫為3.7度，即使是夏天也跟冬天一樣寒冷。請務必記得富士山頂的自然環境是嚴酷的。

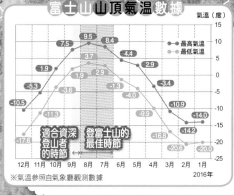

6 放慢腳步預防高山症！

海拔高時，空氣中的氧氣濃度就會稀薄。當身體無法適應海拔高度就會引發高山症，故嚴禁慌忙登山。先在五合目讓身體適應，剛起步時尤其得慢行。不時休息與補充水分也很重要。

5 登山裝備當然是必須的！

高海拔的富士山與平地相較之下氣溫低，必備禦寒衣物。像是雨具和登山鞋等，一定要有整套登山裝備。可以用購買或是租賃的方式，備妥適合自己的裝備。建議安全帽也要準備，萬一有落石或跌倒時可有所保護。

4 基本原則是2天1夜入住山屋！

當日攻頂往返不僅是體力的一大負擔，適應高度的時間短也較易引發高山症。而且夜間登山也恐因寒冷或強風，而有體溫過低的危險性。請務必事先預約山屋，以不過於緊湊的2天1夜行程來挑戰吧。

3 旺季時會管制私家車！

各登山步道的起點處，也就是連接五合目附近的3條道路（富士山天際線、富士昴線、富士薊線），夏季時會管制私家車通行。管制期間須搭乘接駁車前往，還請多加留心。

從哪裡開始登山？

主要！4條路線的選擇方式

同樣都是富士山，但行走距離、小時和難易度會因路線而異。按照自身的體力和經驗來選擇路線吧。

挑選適合自己的路線攻頂吧！

想走正統登山路線！

說到有山屋和救護站等設備充足的正統登山路線，那就是吉田和富士宮。常常會有登山人數眾多，週末等日子人多擁擠的「登山塞車」情況。

想欣賞登山路線！

比較容易欣賞到御來光的路線是吉田和須走。富士宮因季節和海拔高度的關係，在山坡斜面會變得較難看到。御殿場是難度較高的路線，適合有經驗的山友。

推薦路線 **吉田** **須走**

想來賞御來光！

如果有足夠的體力，可以花較長的小時走。富士宮因季節和御殿場海拔較低的須走和御殿場開始登山，這樣的路線較容易適應高度，降低引發高山症的機率。另外也推薦3天2夜的登山行程。

推薦路線 **須走** **御殿場**

擔心高山症……

富士宮和御殿場這兩條路線可以俯瞰富士山火山口。現在有越來越多人乾脆不攻頂，而是選擇到寶永火山口附近遊玩的富士登山。

想看寶永火山口！

富士宮路線

難易度 ★★☆
路線顏色 **藍**

登山 約5小時	下山 約3小時30分	來回步行距離 **10km**

| 山頂 **3720m** | 五合目 **2400m** | 高度差 **1320m** | 山屋數量 **9** |

在險峻的登山路線上勇往直前

富士宮五合目的標高是4條路線中最高的，移動距離也最短，道路因此筆直而陡峭。下山路線與登山路線是走同一條路。

P.20 有介紹

- 富士宮口山頂（3720m）
- 九合目（3400m）
- 八合目（3220m）
- 元祖七合目（3030m）
- 新七合目（2790m）
- 六合目（2490m）
- 富士宮口五合目（2400m）

登山路線
下山路線

高度差 1320m

3500m
3000m
2500m
2000m

前往富士宮口五合目的交通方式
JR富士宮站搭登山巴士約1小時10～40分
JR三島站搭登山巴士約2小時5分
JR新富士站搭登山巴士約2小時15分

投幣式置物櫃 ●富士宮站
資訊 ●三島站 ●新富士站
因富士宮口五合目無投幣式置物櫃，可於搭乘大眾運輸時在車站寄放。

從新東名高速道路新富士IC，經國道139號、富士山天際線約1小時20分

路線洽詢處
☎0544-27-5240（富士宮市觀光協會）

自駕管制資訊（→P.105）
期間 2017年7/10 9:00～9/10 18:00
管制期間停車場 水塚停車場
MAP P.96 D-1 24小時 ¥1000日圓
往停車場的交通方式 新東名高速道路新富士IC，可接國道139號或縣道180號、152號約45分

吉田路線

難易度 ★☆☆
路線顏色 **黃**

登山 約6小時	下山 約3小時30分	來回步行距離 **15.1km**

| 山頂 **3710m** | 五合目 **2305m** | 高度差 **1405m** | 山屋數量 **20** |

設備充足的最佳人氣路線

這條路線從富士昴線五合目開始。有過半數的富士登山客會走這條路，人潮多時，還會造成登山步道壅塞而無法前進。建議選擇人較少的平日前往。

P.14 有介紹

- 吉田、須走口山頂（3710m）
- 本八合目（3370m）
- 九合目（3600m）
- 下山路線八合目（3270m）
- 八合目（3040m）
- 七合目（2700m）
- 下山路線 七合目（2630m）
- 六合目（2390m）
- 富士昴線五合目（2305m）

登山路線
下山路線

高度差 1405m

3500m
3000m
2500m
2000m

往富士昴線五合目的交通方式
富士急河口湖站搭登山巴士55分
富士急行富士山站搭登山巴士約1小時5分
各新宿站搭登山巴士約2小時25分

投幣式置物櫃 ●富士昴線五合目
資訊 ●河口湖站 ●富士山站
富士昴線五合目的富士山MIHARASHI、五合園休息站、富士急雲上閣都很方便。

從中央自動車道河口湖IC，經國道139號、富士昴線約40分

路線洽詢處
☎0555-21-1000（富士吉田觀光振興服務）

自駕管制資訊（→P.105）
期間 2017年7/10 17:00～9/10 17:00
※洽詢電話 0555-72-5244（富士山收費道路管理事務所）
管制期間停車場 山梨縣立富士北麓停車場
MAP P.99 A-3 24小時 ¥1000日圓
往停車場的交通方式 中央自動車道河口湖IC、東富士五湖道路富士吉田IC即到

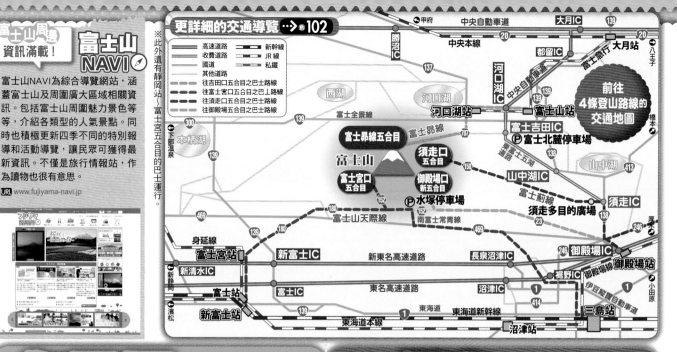

左側邊欄（直排）：

登上富士山吧！

4條路線完全導覽

4條路線的選擇方式 P.10

富士登山的基本Q&A P.28

登山前想先確認事富士山 P.34

富士山NAVI為綜合導覽網站，涵蓋富士山及周圍廣大區域相關資訊。包括富士山周圍魅力景色等等，介紹各類型的人氣景點。同時也積極更新四季不同的特別報導和活動導覽，讓民眾可獲得最新資訊。不僅是旅行情報站，作為讀物也很有意思。

URL www.fujiyama-navi.jp

富士山NAVI

富士山周邊資訊滿載！

※此外還有靜岡站～富士宮五合目的巴士運行。

更詳細的交通導覽 ⋯⋯ P.102

圖例：高速公路／收費道路／國道／其他道路／新幹線／JR線／私鐵／往吉田口五合目之巴士路線／往富士宮口五合目之巴士路線／往須走口五合目之巴士路線／往御殿場五合目之巴士路線

前往4條路線的交通地圖

富士昴線五合目　富士昴線
富士山
富士宮口五合目　須走口五合目　御殿場口新五合目
P水塚停車場
富士山天際線　南富士常青線

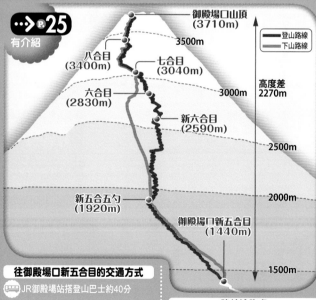

御殿場路線

難易度 ★★★　路線顏色 綠

登山 約9小時30分　下山 約4小時　來回步行距離 19.5km
山頂 3710m　五合目 1440m　高度差 2270m　山屋數量 4

適合登山老手的最長嚴酷路線

御殿場口新五合目海拔比其他路線低、移動距離長。此外山屋也較少，遇上惡劣氣候時不易躲避。下山路線中的大砂走（火山路）因走來痛快而具高人氣。

⋯⋯ P.25 有介紹

御殿場口山頂(3710m)／八合目(3400m)／七合目(3040m)／六合目(2830m)／新六合目(2590m)／新五合五勺(1920m)／御殿場口新五合目(1440m)

高度差2270m
圖例：登山路線／下山路線

往御殿場口新五合目的交通方式
JR御殿場站搭登山巴士約40分

投幣式置物櫃：御殿場站
因御殿場口新五合目沒有投幣式置物櫃，不需要帶的行李可以寄放御殿場站。

從東名高速道路御殿場IC，經國道138號、縣道23號、富士山天際線約30分

路線洽詢處
0550-83-4770（御殿場市觀光協會）

自駕管制資訊 無

須走路線

難易度 ★★☆　路線顏色 紅

登山 約8小時　下山 約4小時　來回步行距離 14km
山頂 3710m　五合目 1970m　高度差 1740m　山屋數量 10

欣賞綠意盎然又豐富多變的風景

雖然距離稍長，但一直到本六合目附近都是樹多的路徑，較不會受到太陽直射。從本八合目開始會與吉田路線的人匯集，因此有時會頓時變得壅塞。

⋯⋯ P.24 有介紹

吉田、須走口山頂(3710m)／九合目(3600m)／本八合目(3370m)／八合目(3270m)／本七合目(3140m)／七合目(2920m)／本六合目(2620m)／砂拂五合目(2230m)／新六合目(2420m)／須走口五合目(1970m)

高度差1740m
圖例：登山路線／下山路線

往須走口五合目的交通方式
JR御殿場站搭登山巴士約1小時
小田急新松田站搭登山巴士約1小時30分

投幣式置物櫃資訊：御殿場站、新松田站
須走口五合目沒有投幣式置物櫃，新松田站則是數量少，因此寄放御殿場站較好。

從東名高速道路御殿場IC，經國道138號、富士薊線約50分

路線洽詢處
0550-76-6114（小山町商工觀光課）

自駕管制資訊（→P.105）
期間 2017年7/10 12:00～9/10 12:00
管制期間停車場 須走多目的廣場
MAP P.94 E-3　24小時　1000日圓
往停車場的交通方式 東富士五湖道路須走IC即到

↑登山客的隊伍一直排到七合目山屋附近
↓吉田路線山頂。右方鳥居為下山路線起點。

吉田路線 吉田ルート

設備齊全最具人氣!

必然壅塞的超正統路線

從富士昴線五合目出發的吉田路線，又稱作「河口湖路線」。從東京首都圈過去交通很方便，山屋和救護站數量也比其他路線多而深受歡迎，是4條路線中最多登山者利用的。山頂周邊還會出現「御來光塞車」的擁擠現象。

┃2天1夜的標準行程表

從容不迫登上山屋看御來光

如果是從富士昴線五合目出發的2天1夜行程，一般都會讓身體充分適應之後，過午再從五合目出發。建議以輕鬆的步調，傍晚時抵達八合目附近的山屋住宿一晚，在山屋前欣賞日出御來光。若要到山頂欣賞御來光，得先做好深夜登山隊伍停滯而無法動彈的心理準備。

4000m
3500m
3000m
2500m
2000m
1500m
1000m

GOAL!
富士昴線五合目
45分
六合目
55分
下山路線七合目
1小時40分
下山路線八合目
1小時10分
吉田‧須走口山頂
1小時30分
本八合目
1小時30分
八合目
1小時45分
七合目
1小時45分
六合目
45分
START!
富士昴線五合目

御來光約在4:30~5:00左右

下山時請注意不要摔倒
下山路線比登山路線所花費的時間較短，但同樣不可輕忽大意。疲憊加上膝蓋負擔大，請綁好鞋帶，以小步伐个疾个徐个下山。

如果到山頂還有餘力的話，可以挑戰缽巡! →參26
山頂環境深受氣候影響，登山時又會消耗體力，所以縮短行程不要逞強。詳細規劃行程，如感覺任何不安請中止行程下山。

到八合目附近的山屋用晚餐、就寢並欣賞御來光
雖然有很多人選擇深夜離開山屋到山頂欣賞御來光，但這個行程相當擁擠。新手可以在山屋好好休息，並在附近欣賞御來光。

五合目出發前
首先最重要的是讓身體適應高山。請至少仕這裡停留1小時30分。

13km 12km 11km 10km 9km 8km 7km 6km 5km 4km 3km 2km 1km 0km

路線的魅力

1 五合目到山頂的高度差較小，所需時間短

2 出發後會隨即遇到和緩的斜坡，讓身體較容易適應登山

3 此路線山屋和救護站較多，有突發狀況時較好處理

14

↑前往山頂迎接御來光的登山者們，所戴的頭燈形成連綿不絕的亮光

山頂 吉田、須走口

以這裡為目標吧

↑到山頂的久須志神社，可以拿到御朱印和杖印、御守、金明水等等

↑如果看到久須志神社的鳥居和狛犬，就代表快到山頂了！

↑在富士昴線五合目，登山客與觀光客進進出出絡繹不絕

DATA
登山 約6小時		下山 約3小時30分	
出發點 2305m		高度差 1405m	
來回步行距離 15.1km		山屋數 20	
MAP P.95 C-3			

前往富士昴線五合目的交通方式
搭巴士 富士急行河口湖站搭登山巴士約55分

☎ 0555-72-5244（富士收費道路管理事務所）

詳細交通資訊 ➡ ●102

管制期間請至以下停車場
山梨縣立富士北麓停車場
MAP P.99 A-3 ⏱24小時 ¥1000日圓

地圖上的地點標示

3776m 劍峰

扇屋
東京屋（歇業中）
山口屋
久須志神社

吉田、須走口山頂（3710m）

九合目（3600m）

八合五勺（3450m）
御來光館

胸突江戶屋（江戶屋）
本八合目（3370m）
本八合目 TOMOEKAN
本八合目 富士山飯店

江戶屋（下江戶屋）
元祖室
白雲莊

下山路線 八合目（3270m）

八合目（3040m）
蓬萊館
太子館
富士山八合目救護所
東洋館

緊急避難小屋

本七合目 鳥居莊

富士一館
鎌岩館
七合目 TOMOEKAN
日出館
花小屋
富士山七合目救護所

下山路線 七合目（2630m）

獅子岩

七合目（2700m）

五合目綜合管理中心
五合園休息站
富士山 MIHARASHI
富士急雲上閣
小御岳茶屋

➡ P.16

富士山安全指導中心

六合目（2390m）

里見平星觀莊

富士昴線五合目（2305m）

富士吉田 IC

泉瀧

佐藤小屋
吉田口五合目

小御岳神社

富士昴線

推薦的 下山 時程表
接續第2天
時間	地點	
08:30	吉田、須走口山頂	出發
09:40	下山路線八合目	抵達
11:20	下山路線七合目	抵達
12:15	六合目	抵達
13:00	富士昴線五合目	抵達

GOAL

小知識
存在已久的登山步道！起始於山麓的吉田路線

從以前就存在的吉田路線，是從位於山麓的北口本宮富士淺間神社（→P.41）進入。這條路線在富士昴線開通之前是最多人走的。現在的吉田路線（起點為富士昴線五合目）會在六合目匯流。

↑神社境內後方有著登山步道起點的登山門

推薦的 登山 時程表
時間	地點	
07:30	吉田、須走口山頂	抵達
05:30	八合目附近、山屋	出發
	第2天	
18:15	八合目附近、山屋	抵達
17:15	八合目	抵達
15:30	七合目	抵達
13:45	六合目	抵達
13:00	富士昴線五合目	出發
	第1天	

START

※由於途中設有閘門，無法直接通到五合目

圖例
登山路線
下山路線
其他路線
等高線
2500m 標高
🏠 山屋
⛩ 神社
🚻 洗手間
🚏 巴士站

馬返
富士吉田市街

→P.24
→P.16

富士山保全協力金是用來維護秩序的！

為維護富士山環境而徵收的協力金（基本為1000日圓），可以在五合目圓環等處繳費。有時週末人潮較多，也可事先在超商或網路繳費，讓行程更加順暢。

↳協繳完協力金會收到這樣一塊木牌（→P.31）

※木牌的樣式可能會有所變動

吉田路線 詳細導覽

首先在五合目充分休息！

登山季中熱鬧擠滿最多登山客的，就是富士昴線五合目。不要立刻啟程，在這裡做好充分準備之後，再去挑戰富士登山吧！

11:00 第1天

在富士昴線五合目這樣渡過吧

五合目標高已達2305m，在這裡安排長一點的休息時間，好讓身體適應海拔高度。休息至少1小時30分，可以用餐、活動身體並蒐集資訊。

購物

↳有販賣部、餐廳和住宿設施的休息站設備完善
↳出門前務必確認物品是否帶齊，如有遺漏，也可在販賣部採購登山用品

*ふじきゅううんじょうかく
富士急雲上閣
MAP P.95 C-3

☎0555-72-1355 ⏰4月中旬～12月下旬9:00～17:00 休開山期間無休 所山梨縣鳴沢村富士山8545-1 交富士急行河口湖搭往富士山五合目的巴士50分，終點站下車即到 P無

用餐

*ごごうえんレストハウス
五合園休息站
MAP P.95 C-3

☎0555-72-2121 ⏰4～11月8:30～18:00 休開山期間無休 所山梨縣鳴沢村富士山8545-1 交富士急行河口湖搭往富士山五合目的巴士50分，終點站下車即到 P無

↳有許多做成富士山狀的豐富菜色。除了牛肉燴飯，還有淋上滿滿麻婆豆腐的火山蓋飯等等都深受歡迎

牛肉燴飯
1000日圓

神社參拜

↳據傳興建於承平7（937）年的富士山小御嶽神社
↳出發前誠心參拜，祈求登山平安

暖身運動

↳平常運動不足的人，出發前仔細做伸展及暖身運動是很重要的。小腿、大腿和體部都要好好動一動

蒐集資料

↳到五合目綜合管理中心做登山前的資料蒐集，像是天候狀況等等。也有口譯人員可替外國登山客解說

可以近距離欣賞富士山！

登山路線
駐馬場
計程車乘車處
五合目綜合管理中心
小御岳茶屋
富士山MIHARASHI
五合園休息站
富士山小御嶽神社
富士急雲上閣
富士山
富士昴線收費站
巴士站
富士山攝影點
第一
第一

私家車管制期間一般車輛禁止進入

🛈詢路處
🚻洗手間
🅿停車場
🚌巴士站
🚕計程車乘車處
🍴餐廳
🛍販賣部、伴手禮
⛩神社

富士昴線五合目MAP

現在就動身！從容不迫地登山吧！

剛開始起步的時候尤其不能趕，就以不會感覺吃力的速度前進吧。前面的路還很長，不要躁進，一邊欣賞周遭的景色一邊往前走。

入住時要注意禮節

抵達住宿的山屋後，先在櫃檯結算住宿費用。整理好行李，並在指定的時間前往餐廳集合享用晚餐。畢竟是在嚴酷的環境當中經營山屋，入住時請記得要遵守禮節。

行經險峻岩場要慢慢走

從七合目開始道路會變窄，並行經險峻的岩場。走在岩場時身體容易失去平衡，可以減緩速度慢慢走過。經過七合目再走一小段，就有個救護站了。

收集烙印 也很有趣！
> 登山筆記
> 在山屋可請人於金剛杖或自行帶去的木板上烙印（收費）。大力收集烙印作為登山的紀念吧。

山屋規則
> 登山筆記
> 山屋就寢時間比較早，而且也有很多疲憊的人們，絕對不要大聲喧嘩，請盡早休息。

接著第2天

18:15 山屋 3250m
> 還差一點就要抵達入住的山屋了，畢竟已經有點疲倦，確實踏穩每個步伐吧。

17:15 八合目 3040m
> 在山屋的販賣部可以買到飲品和點心。好好補充水分及能量吧。

15:30 七合目 2700m
> 接近七合目時就會看到山坡上連綿的山屋，這是吉田路線的代表風景。

13:45 六合目 2390m
> 五合目到六合目之間林木蔥鬱，幸運的話或許還可以看到鹿等野生動物。

吉田路線 START!

富士昴線 五合目 2305m

出發前別忘了看好地圖

出發前，要再看地圖確認好自己接下來要走的路線。吉田路線的代表色是黃色，為避免因岔路迷路，出發前再次確認非常重要。

有擔憂要提出
> 登山筆記
> 在六合目的分歧點處有棟富士山安全指導中心，該處可獲得登山路線及天氣相關資訊。

真正的登山就從這裡開始

抵達六合目就有洗手間。接下來沿著防落石的柵欄迂迴前進，這裡地勢比五合目更傾斜也沒有遮蔽物，因日照強烈要做好預防紫外線的防護。

終於突破海拔3000m

八合目海拔超過3000m，連續行走在險峻的登山路線，這時疲勞也累積到極點。因空氣稀薄，記得提醒自己深呼吸。累了就看看眼前那一大片遼闊壯麗的景色吧。

注意 高山症
> 登山筆記
> 有些人一旦海拔超過3000m，就會開始出現高山症狀。如果覺得不舒服，做出下山的決定也是很重要的。

山頭就在眼前
回頭一望盡是絕景

沒有山屋的九合目視野極佳，一瞬間顯得很有高度。單調的登山雖然辛苦，但回頭眺望景色的同時可以稍事休息，還能振奮心情。不疾不徐地攀登到最後吧。

近在眼前的鳥居屬於位在山頂的久須志神社，穿過鳥居後，山頂就在眼前了。

連續的陡坡難關
——胸突八丁

從本八合目到吉田、須走口山頂這段路，沿途線路陡峭險峻，最後的難關被稱為胸突八丁。雖然已經逐步靠近山頂了，其實但還是有段距離。沉穩地邁進吧。

登山筆記

在哪裡欣賞御來光？

由於欣賞御來光是在深夜出發至山頂，不僅上山隊伍壅塞，天氣極度寒冷也會是身體的一大挑戰。建議新手還是在山屋附近欣賞就好。

看見神聖御來光
不禁展露笑容！

做好登山的準備後去到外頭，感動的瞬間開始倒數。八合目附近比較不會人多擁擠，可以不用顧慮太多好好欣賞御來光，但是能不能看到就得碰碰運氣了。

06:50 九合目 3600m

沿途都是砂石路，石堆恐有崩塌的時候，注意不要靠近並小心落石。

06:00 本八合目 3370m

第2天 05:30 山屋 3250m

山屋住1晚 欣賞御來光！

抵達山屋後先休息一下，接著趕緊準備隔天的行李。因為在御來光之後，還有攻頂行程等著呢。

溫暖的食物讓人打從心裡舒緩開來！

餐飲方面就交給山屋打理吧

儘管因山屋而異，但晚餐基本上都是咖哩飯。早餐則大多是在晚餐後以便當的形式交給登山客。如果覺得量可能不夠，記得多準備一些備用糧食。

原來山屋是這樣的地方

入住的元祖室 ⋯> P.32

→登山客陸續抵達的熱鬧大廳
→早餐包（附贈防塵口罩）
→房間床鋪為上下床通鋪形式

公共空間
請帶著體貼的心

由於有關燈時間，所以一到房間就要趕快鋪好床。要上山看御來光的人，會在半夜2時起床，3時出發。周圍可能會有準備出門和早餐的嘈雜聲音。

詳細資訊 ···▶ 26

終於抵達日本第一山的山頂！

終於來到許多人聚集的吉田路線和須走路線的山頂。先前的疲憊突然消失，好好地享受那份成就感、感動與山頂絕景吧。山頂神社是人氣拍照景點。

因為是神的領域，所以富的寶蓋頭沒有那一點！

鉢巡最重要的是充足時間與計畫！

還有時間和體力的人，可以嘗試挑戰環繞山頂周邊的鉢巡，還可以近距離欣賞粗獷的火山口。繞一圈約需要1小時30分到2小時左右，路線也多是上下坡道，因此請帶著從容不迫的步調挑戰。

08:30 - 07:30
吉田・須走口
山頂
3710m

● 山頂的拉麵格外美味

在山頂的山屋溫暖身體

山頂也有山屋，並可吃到拉麵與豬肉味噌湯。用熱湯暖和疲憊又寒冷的身體，那是在其他地方感受不到的美味。還可在販賣部補充下山所需的飲品與點心。

到久須志神社抽籤

登山筆記

這間神社蓋在吉田、須走口山頂，裡頭有籤可以抽，不妨在日本第一山頂算一下運勢。

09:40
下山路線
八合目
3270m

從山頂沿著連綿不斷的蜿蜒砂石路下山。在準備下山之前，記得先綁緊鞋帶。

走在遙遠又無山屋的下山路線，記得像滑雪一樣把腳打開成八字形，節奏規律地往前進吧。

11:20
下山路線
七合目
2630m

這個路段落石多要小心。如果看到第1天經過的森林地帶，那六合目就不遠啦！

語音導覽

注意事項

下山路線的八合目常容易走錯路。因此設置了一旦感應到人，就會播放日語、英語、中文的語音解說，以減少迷路。

⚠️ **100m先に分岐あり**
Junction 100 meters ahead

GOAL!

13:00
富士昴線
五合目
2305m

12:15
六合目
2390m

從六合目開始會有些需要攀登的地方。默默地朝終點站昂線五合目前進吧。

與登山路線匯集用盡最後的力氣吧

從六合目開始與登山路線會合，人潮多的時候相互禮讓是很重要的。漫長又陡峭的下坡路，對於膝蓋有較大的負擔，可以橫著一步步往下走以免摔倒。就按照自己的步調下山吧。

要注意下山路線的八合目容易走錯路

下山路線的八合目是個常發生迷路的地方。由於吉田路線與須走路線就在這裡分開，所以要確認路線圖和語音導覽，小心不要誤走至須走方向。尤其是起霧的時候要特別注意。

終於抵達山頂！下山時要小心別迷路

到神社參拜，並飽覽山頂絕景後到山屋稍事休息。要是走錯路可就不得了，請再次確認過路線後慎重地下山吧。

抵達五合目超有成就感的！

儘管富士登山漫長而嚴酷，但下山之後絕對會有滿滿的充實感。若再換下服裝，到休息站買些伴手禮就更完美了！別忘了在路牌前留下紀念照喔。

戴上口罩做好萬全的防砂準備

下山路線有連綿的砂石路，可以準好口罩、手帕和墨鏡以阻隔風沙。經過3個防落石明隧道，就會抵達登山時經過的六合目了。

富士宮‧路線 富士宮ルート

太好了！是御來光！

↑此路線特徵在於從六合目開始山坡急遽陡峭

照片提供：靜岡縣觀光協會
↑太陽光籠罩地平線的感動瞬間

↑登山季時的山頂因大量的登山客造訪熱鬧不已

可以用最短距離攻頂的歷史悠久路線

這條歷史悠久的路線原本就是表登山道。成為起點的五合目海拔2400m，是4條路線中海拔最高、最快能抵達山頂的路徑，同時也很接近日本最高點，亦即3776m的劍峰。從關西方面過來的交通也十分便利。

路線魅力

1 從五合目登山口到山頂的距離最短，所需時間也最短

2 各合目都有山屋和診療所等，設備齊全

3 從新幹線車站可搭巴士前往，從東海、關西方面過去很方便

2天1夜的標準行程表

一起來擬個新手也能游刃有餘的計畫吧

2天1夜的行程以一般來說，中午過後從五合目出發，到新七合目～九合目的山屋住宿。第1天的行程會稍微吃緊，但如果能抵達九合目，第2天就會輕鬆許多。建議新手在山屋附近欣賞御來光之後再攻頂。

行程圖

GOAL! 富士宮口五合目 — 30分 — 六合目 — 1小時30分 — 元祖七合目 — 1小時15分 — 九合目 — 1小時 — 八合目 — 45分 — 富士宮口山頂

START! 富士宮口五合目 — 30分 — 六合目 — 1小時40分 — 新七合目 — 1小時20分 — 元祖七合目 — 1小時 — 八合目 — 45分 — 九合目 — 1小時45分 — 富士宮口山頂

御來光約在4:30~5:00左右

如果攻頂後還有體力，可以進行鉢巡 →26
富士宮口山頂是4條路線中最接近日本最高點劍峰的一條。視自己的體力和天氣狀況，如果還行的話就嘗試看看。

抵達八合目山屋用晚餐、就寢後再欣賞御來光
富士宮路線的新七合目、元祖七合目、八合目、九合目都有一間山屋，行程確定好就趕快預訂山屋吧

首先要習慣高度
五合目海拔2400m。為了讓身體能適應高度，建議在此停留1小時30分以上，好好休息

下山也是同樣路線
富士宮路線上山和下山都是同一條路。道路狹窄時，原則以下山者要先行禮讓

縱軸：4000m 3500m 3000m 2500m 2000m 1500m 1000m
橫軸：8km 7km 6km 5km 4km 3km 2km 1km 0km

登上富士山吧！

4條路線完全導覽 富士宮路線

再努力一下

↑天氣好時可以從山頂眺望駿河灣與伊豆半島

山頂 富士宮口

以這裡為目標吧！

↑一接近九合目就可看到山頂在不遠處。不要急躁，穩步前進吧

↑富士山有頂上淺間大社奧宮坐鎮。可在此參拜祈求登山平安

小知識

可以登山的側火山「寶永山」

寶永4（1707）年發生的寶永大噴發，為距今最近的一次火山爆發，並因此形成寶永山。在山勢成形的過程中，於火山口以外的山腰或山麓等部分堆積出的小火山便稱為寄生火山。尤其是富士山特別多，並集中於西北、東南側一帶。

↑富士山群中最新、最大的寄生火山

↑從新七合目附近開始的路線為多岩石斜坡，前進時要小心路況

P.10

P.28

P.34

富士登山的基本Q&A

登山前請先瞭解富士山

富士宮口山頂(3720m)

3776m 劍峰

富士山頂上淺間大社奧宮

頂上富士館

九合五勺(3550m)

胸突山莊

3500m

九合目(3400m)

万年雪山莊

八合目(3220m)

池田館

富士山衛生中心

下山路線

登山路線

→P.25

御殿場登山路

元祖七合目(3030m)

山口山莊

3000m

御來光山莊

新七合目(2790m)

寶永山莊

六合目(2490m)

雲海莊

2500m

富士宮口五合目(2400m)

富士宮口五合目

富士山綜合指導中心

五合目休息站

寶永遊步道

寶永第一火山口(→P.7)

寶永第二火山口

富士山天際線

馬返

2000m

富士宮市街

御殿場市街

DATA

登山 約5小時　下山 約3小時30分

起點 2400m　高度差 1320m

來回步行距離 10km　山屋數量 9

MAP P.95 C-4

前往五合目的交通方式

巴士 從JR富士宮站搭登山巴士約1小時40分

☎0544-27-5240（富士宮市觀光協會）

詳細交通資訊 ➡ P.102

自駕管制期間停車場

水塚停車場

MAP P.96 D-1　⏰24小時　¥1000日圓

圖例

- 登山路線
- 下山路線
- 其他路線
- 等高線
- 2500m 標高
- 山屋
- 神社
- 洗手間
- 巴士站

推薦的下山時程表

接續 第2天

9:00 富士宮口山頂 出發

10:00 九合目 抵達

11:15 元祖七合目 抵達

12:45 六合目 抵達

13:15 富士宮口五合目 抵達

GOAL

推薦的登山時程表

08:00 富士宮口山頂 抵達

06:15 九合目 抵達

05:30 八合目、山屋 出發

第2天

18:00 八合目、山屋 抵達

17:00 元祖七合目 抵達

15:40 新七合目 抵達

14:00 六合目 抵達

13:30 富士宮口五合目 出發

第1天

START

急遽的登山行程
憂小心高山症

為了避免引發高山症，最重要的是讓身體慢慢適應高度。不要著急，就以穩定的速度確實地攀登吧。

用御來光為自己充電吧

建議早點起床到山屋附近瞻仰御來光再出發上路。天氣候頗為寒冷，請務必做好禦寒措施。

最適合留念之景！

🎧池田館有很多登山者是衝著御來光來的

走在多岩石的險坡同時欣賞駿河灣

一過新七合目頓時變成滿是砂礫的路線。由於砂礫絆腳窒礙難行，走路時記得留心路況。重要的是不要躁進，穩穩地一步步向前。

真正的登山就從六合目開始

大約過了與寶永遊步道會合處之後，地勢便頓時變得陡峭。從此處到新七合目為止的登山路線，沿路都可見到棲息於高山帶的御蓼群落。

第2天

05:30 / 18:00
山屋 八合目 3220m

進入有胸突八丁之稱的陡峭路段。路面會有許多岩石滾落，小心不要跌倒。

17:00
元祖七合目 3030m

這時會走在崎嶇岩盤上，要是踩到不穩的鬆脫石頭會跌倒，前進時請小心路況。

15:40
新七合目 2790m

因登山與下山為同條路線，故常會與下山者擦身而過，互相加油打氣吧。

14:00
六合目 2490m

陡峭的坡度讓人疲累，這時就將步伐縮小吧。靠近新七合目時會看到右手邊的寶永山。

13:30
富士宮口 五合目 2400m

剛開始時體力綽綽有餘，會想要趕快往上爬，但要沉住氣以慢速前進。

在山屋讓疲憊不堪的身體好好休息

一到住宿的山屋就先去櫃檯結帳。八合目的池田館旁是富士山衛生中心，從7月下旬到8月下旬都有醫師進駐。

陡坡真難走努力跨越難關吧

這時陡峭難走的岩場越來越多，海拔高度也超過3000m了，疲勞感逐漸攀升，但仍請盡量保持專注。在南側則可以遠眺駿河灣。

一邊望著山頂一邊攀爬陡峭斜坡

從五合目到六合目是一段遼闊而坡度和緩的黑砂石路徑。周圍有綠色植物，能以舒服的心情走在山路上，同時還能看著山頂，心情自然也會很好。

第1天 11:30

超過 3000m！
登山筆記
一旦超過海拔3000m就容易引發高山症。所以要注意定時休息、補充水分和深呼吸。

出發前讓身體習慣高度

如果一抵達五合目，為了要讓身體習慣高度，首先悠閒地休息一下吧。可以吃個簡單的午餐或拉筋暖身，至少在此停留1小時30分。

富士山表口五合目
標高2400M

終於到了～！

4條路線完全導覽 富士宮路線

富士山信仰聖地 還可在此舉行婚禮

富士宮路線的山頂座落著富士山頂上淺間大社奧宮。7～9月的登山季節有神職人員駐點，因此也會有情侶在此舉行婚禮。

（登山筆記）在淺間大社奧宮收集作為參拜證明的御朱印吧！

（登山筆記）**從富士山頂寄信吧！**
日本第一高的郵局就在富士宮口山頂。除了有原創商品，還有原創風景印章可蓋。7月中旬～8月下旬，6:00～14:00

（登山筆記）推薦使用登山杖，可在下山時減輕腿部的負擔。

（登山筆記）**登山時要互相禮讓**
由於下山和上山是走同一條路，因此常會遇到人多的時候。與上山的人交會時尤其要特別小心。

下山路線就是從登山路線折返

09:00←08:00 富士宮口 山頂 3720m

07:00 九合五勺 3550m
回頭就可遠眺伊豆半島。坡度陡峭，但就快到山頂了。不要急躁，一步步前進吧。

06:15 九合目 3400m
因氧氣稀薄，攀登速度自然下降。部分路況險峻，小心前進吧。

離目標的山頂不遠了！

從山屋·胸突山莊，山頂清楚映入眼簾。從這裡到山頂會是一條艱辛的陡坡，前進的時候一定要小心踩穩。

GOAL! 13:15 富士宮口 五合目 2400m

下山是從登山原路線折返

與其他路線不同，這裡下山也是走同一條路。一邊眺望駿河灣和伊豆半島的同時，一邊慢慢下山吧。如想避開人潮，也可走御殿場路線。

切勿躁進 謹慎邁向山頂吧！

一來到九合目附近，空氣會變得相當稀薄。可以停留萬年雪山莊等等的山屋，不定時地休息吧。在登山路線附近的山谷就可看到万年雪山莊了。

在漫長的登山行程後 好好慰勞身體吧

抵達富士宮五合目休息站後，可以用餐並伸展一下，讓身體好好休息。建議也可在此買些伴手禮回去作為紀念。

下山也可走御殿場路線！

若想避開人潮，可以走御殿場路線。從御殿場路線的下山路徑，自大砂走經過走六合，途經第一火山口旁到富士宮路線的六合目。路程比富士宮路線較長，不過坡度較為和緩。

在山頂參拜過後 是同一條路線下山

漫長的陡峭山坡相當消耗體力，這下終於來到登山的關鍵時刻。下山也同樣是這條艱辛的路線，千萬不要輕忽大意。

劍峰 御殿場口 山頂 3500m
富士宮口 山頂
八合目 3000m
九合五勺
九合目
八合目
七合目
新六合目
御殿場路線 登山專用道
六合目
元祖七合目
走六合
新六合目
馬背
大砂走
御殿場路線（下山路線）
△寶永山
富士宮路線
寶永第一火山口
第一火口緣
六合目
富士宮口 五合目巴士站
五合目

須走路線

須走ルート

可以好好欣賞風景的路線

這條登山路線一直到本六合目附近都綠意盎然，景色變化多端。與吉田路線和富士宮路線相較登山者較少，最適合喜歡安靜爬山的人。然而本八合目開始會與吉田路線的人匯流，常有較擁擠的情形。下山時小心不要走到吉田路線去了。

山頂
吉田、須走口

↑山頂上除了久須志神社外，還有伴手禮店和山屋

DATA

登山 約8小時		下山 約4小時	
起點 1970m		高度差 1740m	
來回步行距離 14km		山屋數量 10	

MAP P.94 D-3

前往五合目的交通方式
巴士 JR御殿場站搭登山巴士約1小時
☎0550-76-6114（小山町商工觀光課）
詳細交通資訊→102

自駕管制期間停車場
須走多目的廣場
MAP P.94 E-3 ⏱24小時 ¥1000日圓

↑砂礫堆積的路面走來鬆軟，是可以輕鬆下山的砂走

* 路線魅力 *

1 登山者比吉田路線、富士宮路線少，可以依自己的步調好好登山

2 從五合目到六合目一帶都是樹林，風景富變化

3 因為是從山的東側攀登，所以有許多地方都可看到御來光

以這裡為目標吧！

東京屋（歇業中）
山口屋
扇屋
久須志神社
吉田、須走口山頂（3710m）
九合目（3600m）
八合五勺
御來光館
3500m
本八合目（3370m）
胸突江戶屋（上江戶屋）
本八合目 富士山旅館
江戶屋（下江戶屋）
八合目 TOMOEKAN
八合目（3270m）
→P.14
本七合目（3140m）
見晴館
登山路線
3000m
大陽館
七合目（2920m）
瀨戶館
本六合目（2620m）
2500m
長田山莊
新六合目（2420m）
吉野屋
砂拂五合目（2230m）
古御岳神社
東富士山莊
山莊菊屋
須走口五合目
須走口五合目（1970m）
2000m
→P.25

↑從五合目登山口開始為連綿的樹林地帶，並且有2間山屋可購入必需品

推薦的 下山 時程表

接續第2天

時間	地點	
08:00	吉田、須走口山頂	出發
09:00	本八合目	抵達
10:00	七合目	抵達
11:00	砂拂五合目	抵達
11:40	須走口五合目	抵達

GOAL

推薦的 登山 時程表

時間	地點	
07:00	吉田、須走口山頂	抵達
06:20	九合目	抵達
05:30	本八合目・山屋	出發
第2天		
18:00	本八合目・山屋	抵達
15:50	七合目	抵達
13:30	新六合目	抵達
12:00	須走口五合目	出發
第1天		

START

圖例

	登山路線
	下山路線
	其他路線
	等高線
2500m	標高
🏠	山屋
⛩	神社
🚻	洗手間
🚏	巴士站

2500m
2000m
1500m

舊馬返
馬返し
須走IC

御殿場路線
·御殿場ルート

必須具備體力與經驗的最長路徑

4條路線中高度差和距離都屬最大值，是條幾乎無法一天來回並適合資深老手的路線。途中每處都能欣賞到御來光。山屋少，因此需事前備齊食物和飲水。最大魅力就在回程下山的大砂走，也有很多人只有下山時走這條路。

★山頂★
御殿場口

↑白色鳥居是來到山頂的標記。旁邊有供奉銀名水的小祠堂

以這裡為目標吧！

照片提供：御殿場市觀光協會

4條路線完全導覽

頂走路線／御殿場路線

P.10 富士登山的基本Q&A

P.28 登山前想先making準備富士山

P.34

DATA

登山 約9小時30分	下山 約4小時
起點 1440m	高度差 2270m
來回步行距離 19.5km	山屋數量 4
MAP P.94 D-4	

前往新五合目的交通方式
巴士 JR御殿場站搭登山巴士約40分
開車 東名快速道路御殿場IC經國道138號、縣道23號、富士山天際線，約30分

☎0550-83-4770（御殿場市觀光協會）
Ｐ500輛（新五合目）

詳細交通資訊 ➡102

※無自駕管制

↑爽快衝下砂礫堆積斜坡的大砂走，是御殿場口的焦點路段

照片提供：御殿場市觀光協會

推薦的下山時程表

接續第2天

10:00	御殿場口山頂	出發
11:40	七合目	抵達
13:10	新五合勺	抵達
14:10	御殿場口新五合目	抵達

GOAL

↑下山時若天氣好，可將江之島與三浦半島全景盡收眼底

富士山頂上淺間大社奧宮

🏪銀明館（歇業中）

3776m 劍峰 🏔

御殿場口山頂(3710m)

3500m

八合目(3400m)

富士宮路線 赤岩八合館

🏠砂走館
🏠草鞋館
🏠日出館（歇業中）

七合目(3040m)

3000m

六合目(2830m)

2693m 寶永山▲

下六合

🏠六合目小屋（歇業中）

新六合目(2590m)

2500m

下山路線（大砂走）

登山路線

1929m▲ 二塚上塚（上雙子山）

1804m▲ 二塚下塚（下雙子山）

新五合五勺(1920m)

2000m

1500m

御殿場口新五合目(1440m)

🏪大石茶屋

御殿場口新五合目

御殿場市街

＊路線魅力＊

① 到下山路線的大砂走時，能一口氣衝下砂礫坡路，甚是爽快

② 沒有太多人潮，可以依自己的步調登山，旺季時也沒有自駕管制

③ 新五合目海拔較低而能好整以暇地前進，不易引發高山症

推薦的登山時程表

09:00	御殿場口山頂	抵達
07:00	八合目	抵達
05:30	七合目、山屋	出發

第2天

17:20	七合目、山屋	抵達
16:00	六合目	抵達
12:40	新五合五勺	抵達
11:00	御殿場口新五合目	出發

第1天

START

超乎想像的範圍令人吃驚！

這是日本最高的地方！

山頂火山口只能從這裡看到！

FUJISAN-CHO POST OFFICE

富士山頂郵局
★ふじさんちょうゆうびんきょく

試試看從日本最高點寄信吧

這間是日本海拔最高的郵局，就設在淺間大社奧宮社務所。配合登山者的時間，早上6時開到下午2時。原創郵票和風景印章都很搶手。

銀明水 ★ぎんめいすい

山頂小窪地湧現的靈水

御殿場口山頂旁的湧泉，據說過去會有登山者裝水回去供在神桌上。現在於富士山頂上淺間大社奧宮（香油錢500日圓）就可以取得。

☝可索取御朱印寫在朱印帳和金剛杖上！

☝駿河灣隱約可見於雲霧間！

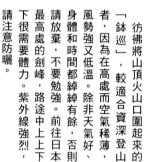

+α 鉢巡

沿著山頂火山口繞一圈吧！

●お鉢めぐり

需1小時30分的路徑適合資深老手

彷彿將山頂火山口圍起來的「鉢巡」，較適合資深登山者，因為在高處而空氣稀薄、風勢強又低溫。除非天氣好、身體和時間都綽綽有餘，否則請放棄，不要勉強。前往日本最高處的劍峰，路途中上上下下很需要體力。紫外線強烈，請注意防曬。

DATA
- 所需 約1小時30分
- 一圈步行距離 3km

請依順時針巡繞

登山筆記

過去山頂是佛教聖地，因此依傳統是習慣走順時針方向。順時針的話，難走的馬背會是上坡路，雖然逆時針就變成下坡路，但下坡很容易打滑，所以還是順時針比較好。

※款式有可能變動

網路就可輕鬆申請

富士山登頂證明書

成功登頂的登山者，日本富士山協會核發富士山登頂證書。只要從下方的網址連結上網站，填好申請表格上的姓名及登頂年月日，再附上可證明登頂成功的照片即可。若有照片，即使是幾十年前攻頂也可領取證書。在山頂也可透過手機申請。費用則是一紙證書1000日圓（未稅）＋運費。此外，所有造訪富士山的人都可申請富士山登山紀念狀。

☎ 0555-22-5175（日本富士山協會）
HP www.fujisan3776.com（Noboru Noboru Fujisan）

邁向3776m！

日本最高峰富士山劍峰

富士山頂上淺間大社奧宮
★ふじさんちょうじょうせんげんたいしゃおくみや

坐鎮富士宮口山頂的神社

富士山本宮淺間大社奧宮位於富士宮，登山季時有神職人員駐點，祈福國運安泰及登山者平安。可付費購買御守和索取御朱印，也可在此舉行婚禮。

⬆在日本最高點欣賞的御來光格外美麗

久須志神社 ★くすしじんじゃ

位在淺間大社奧宮對面的末社

吉田、須走口山頂的神社。屬於建在富士宮口山頂的富士山頂上淺間大社奧宮的末社，供奉大名牟遲命、少彥名命。

➡金剛杖上可加御朱印（300日圓）

金明水 ★きんめいすい

➡金明水（香油錢500日圓）

湧現於久須志神社西北方的聖水

一般認為這是雪溶解成水後湧出溶岩之間。與銀明水同樣有小祠堂供養。金明水可以在久須志神社取得。

這裡是最高峰！

劍峰 ★けんがみね

從吉田、須走口山頂出發55分

3776m! 日本最高點

此處為海拔3776.3m的日本最高點。上面有舊富士山測候所和寫有「日本最高峰富士山」的石碑。石碑是拍紀念照的人氣地標，人多時需要排隊。

來到日本最高點囉～

舊富士山測候所 ★きゅうふじさんそっこうじょ

對於觀測富士山氣象有相當貢獻的設施

設立於昭和11（1936）年的富士山氣象觀測站，後來因興建雷達巨蛋，使用於觀測颱風等等。2004年開始不再有人員進駐，目前僅有自動觀測裝置。

馬背 ★うまのせ

劍峰下最難走的路段

位在富士宮口山頂和劍峰之間，鉢巡中最難走的陡峭登山路線。岩盤上砂礫堆積容易讓腳底打滑。道路兩側皆為山崖，請謹慎小心。

製圖・佐古清隆

要攀登海拔超過3700m的日本最高山，就算是資深登山者也不容易。從事前準備到走法、使用山屋的方式、遇到困難時的對策等等，先將富士山基本知識充分置入腦海裡吧。

擬訂計畫！

一旦決定要登富士山，首先就是要做縝密的計畫。決定好登山路線後訂出行程表、預約山屋。

Q 什麼時期可以登山？

A 大約是夏季的2個月期間。山屋也僅在此時開放。每年照慣例是於7月上旬開山，會視殘雪情況而定。在此同時山屋也會開放，關閉時間點則會在8月下旬到9月上旬。梅雨過後，氣候穩定的7月下旬到8月中旬是最合適的季節。2018年各路線都於9月10日封山。

Q 大約需要多久的時間？

A 資深登山者大約需要回約10小時。擬個時間充裕的計畫吧。即便對體力有自信的人也不易適應高度，一直連續登山也很困難。建議行程中要安排定時休息，像是爬1小時休息10分鐘，並且途中至少在山屋住1晚。

Q 有辦法一天來回嗎？

A 請避免一天來回（彈丸登山）意指傍晚到晚上之間於五合目出發，於夜間攻頂欣賞御來光後下山。這樣的行程不僅體力吃不消又常有意外發生。建議安排住宿山屋的行程。

Q 新手獨自登山可行嗎？

A 一定要與有經驗者同行。建議也可跟團。在海拔3776m的高山上，會有氣候變化、高山症等各種風險。身邊如果沒有人有攀登經驗，建議參加有專職嚮導的巴士旅行團。

Q 需要事先預約山屋嗎？

A 一定要事先預約。尤其旺季時要盡早。週末和盂蘭盆節時期相當熱門，尤其週末和盂蘭盆節的八合目一帶山屋都會客滿，建議盡早預約。山屋基本上都是通鋪的形式。萬一得取消時，請一定要告知對方。

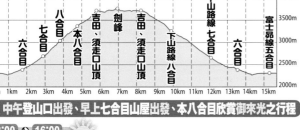

↑位在吉田路線的山屋「花小屋」

Q 事先應做什麼訓練才好？

A 可提升耐力與心肺功能的運動。如果有1個月以上的時間，除了運動還可到附近登山，訓練體力的同時適應風勢和氣溫變化。不過只要平常盡量多走樓梯也是有效果的。

Q 一定要有登山證？

A 登山證是緊急時的救命帖。也可用APP申請。記錄大略登山計畫的登山證是很重要的東西，如果遇難時可以成為即早發現的線索。有規定的格式，可以參考網站自行準備。透過手機APP也能輕鬆申請（→P.30）。

➡➡APP詳細資訊請看P.33

Q 何時是人多旺季？

A 週末和盂蘭盆節期期的吉田路線特別擁擠。有大半登山者都會走的吉田路線常常於夜間攻頂欣賞御來光，尤其週末和盂蘭盆節前後更是擁擠，還會造成清晨山頂附近的「御來光塞車」現象。可以的話，建議安排人較少的平日前往。

↑富士昂線五合目是許多登山者的據點

Q 具體來說登山時程表是像怎麼樣的？

A 基本上是2天1夜，住宿地點則有很多選擇。一般行程大致如同左表，最受歡迎的就是深夜從山屋出發，到山頂欣賞御來光的規劃②（左圖），但夜間登山的相當耗體力。建議採用天亮再登山的規劃①。

吉田路線行程範例

海拔標示：4000m / 3500m / 3000m / 2500m / 2000m
距離：0km 1km 2km 3km 4km 5km 6km 7km 8km 9km 10km 11km 12km 13km 14km 15km

地點（由左至右）：富士昂線五合目、六合目、七合目、八合目、本八合目、吉田、須走口山頂、劍峰、吉田、須走口山頂、下山路線 七合目、下山路線 八合目、六合目、富士昂線五合目

1 中午登山口出發、早上七合目山屋出發、本八合目欣賞御來光之行程

13:00 ➡ 16:00
第1天 第2天 5:00 → 8:00 ➡ 10:00 - 11:00 ➡ 14:30

2天1夜是時間最充裕的行程。雖然不能到山頂看御來光，但可以在山屋好好休息，也不會像山頂那麼擁擠。

2 中午登山口出發、深夜八合目山屋出發、山頂欣賞御來光之行程

12:00 ➡ 16:00 第2天
第1天 1:00 → 4:00 ➡ 6:00 - 7:00 ➡ 10:30

如果想在山頂欣賞御來光可選擇這個行程。深夜從山屋出發，進行困難的夜間登山。此外，常會遇到山頂人多擁擠的情況。

3 中午登山口出發、早上五合目山屋出發、七合目欣賞御來光之行程

16:00 第2天
第1天 3:00 → 10:00 ➡ 12:00 - 14:00 ➡ 17:30

第1天只推進到五合目，趁天未亮時從山屋出發繼續登山。
第2天會比較辛苦，不過整個行程都可以在人潮較少的時段移動。

安全登山建議！

❶戴安全帽！→P.29
❷申請登山證→P.28・30
❸活用手機APP→P.33

為了保護自己並能安心、安全地登上富士山，戴安全帽和申請登山證是很重要的。近來還有申請登山證相當方便及可蒐集登山資訊的APP，可以多加利用。

建議登山用具可用租借方式

登山用品很多都是高價品，全買的話金額會相當驚人。如果可以好好利用出租店家，就能以較低花費找到適合自己的物品。

yama租賃屋 新宿店
★やまどうぐレンタル屋 新宿店

☎050-5865-1615（客服中心） 🕐6:30～20:00（9月11日～6月為12:00～19:00）休無休（9月11日～6月週二休）🚇東京都新宿区西新宿1-13-7 大和家ビル6F

⬆品項豐富齊全。可透過電話、網站預約租借

戴安全帽可以避免這些風險！

噴發 萬一富士山火山爆發，大量碎石將從天而降，安全帽可保護頭部免於遭受小碎石撞擊。

跌倒 攀登陡峭山坡時因荷重而失衡，或是天雨路滑跌倒時在岩石山段都能保護頭部。

落石 富士山七合目往上有許多岩石遍布的路段，除了有自然發生的落石，前方登山者導致落石的風險也很高。

來備齊登山裝備吧！

即便是夏天山頂也依舊低溫，登山路況又險峻，一定要有登山專用裝備。可以到專賣店或出租店試穿戴，挑選適合自己身形的裝備。

夜 頭燈必帶 做好萬全防寒準備

夜間沒有燈光無法行動。山上會超乎想像的寒冷，請記得可穿在裡頭的刷毛衣或羽絨外套

頭燈
建議選擇明亮又長壽的LED款式。就算沒有要夜間登山，也可帶著以備不時之需

登山手套
這項必備用品除了攀登岩場可以保護雙手，接近山頂或下雨天時也可防水、防寒

防水外套
為避免下雨時失溫，建議選擇GORE-TEX材質產品。也能在夜間或接近山頂時達到防寒效果

防水褲
建議與外套選擇同樣的GORE-TEX材質產品，有出色的吸濕、快乾效果。也可有效禦寒

登山杖
可有效減輕腿部的負擔，並預防跌倒。I字形（2把1組）產品較能維持平衡

安全帽
在岩場多的富士山，安全帽可在落石、滑倒或跌倒時保護頭部。記得挑選不會遮住視線的尺寸

帽子
由於太陽光是直接照射，所以記得防中暑。建議選擇有帽繩的款式

背包（30公升）
2天1夜的富士登山最適合容量30公升的登山包。妥善的腰帶設計可減輕肩膀負擔

背包套
除了可以防雨水，也可用於防砂塵

登山專用綁腿
可防止沙礫進入鞋子裡。下山經過沙礫多的路段時很好用，也可避免褲管弄髒

登山靴
建議選購可保護到腳踝的高筒款式。購買前務必試穿確認尺寸，在登山前要盡量讓腳習慣鞋子

日 基本為可調節體溫的洋蔥式穿法

以短袖和長袖的組合應對冷熱調節。日照強烈也別忘了做好紫外線防護。

墨鏡
晴天時日照強烈又無遮蔽物，因此一定要保護眼睛。準備一副穩固的墨鏡吧

開襟衫
為了避免曬傷和受傷，就算熱也最好穿著長袖。可藉由調整袖長和前襟，防範中暑

褲子
有很多陡峭岩場，建議穿著褲裝較方便。為保護肌膚，穿著短褲時可再加內搭褲

機能內搭褲
不僅可以避免曬傷和受傷，也可減輕肌肉疲勞，有效支撐膝蓋、腰部和髖關節

襪子
厚襪可防鞋子磨腳，登山襪防震性佳，走路時具緩衝效果

攜帶物品清單 ✓

必備物品

☐ 登山背包		☐ 毛巾	
☐ 安全帽		☐ 面紙	
☐ 頭燈		☐ 塑膠袋	
☐ 帽子		☐ 地圖	
☐ 換洗衣物		☐ 行進糧、飲料	
☐ 登山靴		☐ 手錶	
☐ 襪子		☐ 手機	
☐ 登山手套		☐ 備用電池	
☐ 防寒衣物		☐ 常備與急救藥物	
☐ 防水衣物		☐ 現金	
☐ 背包套			

帶著會比較方便的物品

☐ 墨鏡		☐ 口罩	
☐ 機能內搭褲		☐ 防曬用品	
☐ 登山杖		☐ 暖暖包	
☐ 綁腿		☐ 太空毯	
☐ 濕紙巾		☐ 相機	
☐ 耳塞、眼罩		☐ 行動電源	

Q 該如何防風、防水、透氣機能的雨具

A 必備具良好防水、透氣機能的雨具

兩件式雨衣不僅可以避免被雨水淋溼，在深夜或山頂一帶還能有效防寒。建議選擇功能性佳的產品，外層要可防止雨水滲透，內層能將水氣排出。

Q 飲品、食物都可以在山上買嗎？

A 可以在山屋選購你喜歡的去吧

山屋有販售飲品和點心，但價格昂貴，建議攜帶最低限度的飲品、食物等補給物品。特別是飲品最好帶500ml～1ℓ的瓶裝品。嚴禁帶碳酸汽水類飲品，因為在海拔高的地方會爆開。

Q 手機有訊號嗎？

A 雖然因環境而異，但基本上都是通的

若是主要的電信業者基本上都沒問題，但會因環境而有訊號較弱或沒訊號的情況。在山屋盡量不要一直充電，用不到的時候就關機。記得帶充電用的預備電池。

Q 登山該穿著什麼服裝？

A 因山頂氣溫低，需充分注意禦寒

溫差大請一定要帶禦寒衣物。與褲子須著重吸濕、快乾性。另外也要準備雨天穿的防水雨衣、褲。緊身內搭可以避免受傷和防曬，同樣必備。

●五合目附近
一走動就會感覺熱，所以只穿一件長袖上衣也沒問題。建議挑選吸濕排汗材質。

●六合目～七合目
若氣溫開始下降，開襟衫外可加件刷毛衣等可保暖的衣物。

●八合目～山頂&夜間
這時氣溫相當冷冽，要再加上羽絨外套等衣物。最外層套件防水雨衣可以防風。

Q 為何一定要換衣服？

A 最好還是多準備下半身衣物和襪子

即便是速乾型，內搭衣物要是因雨水、汗水溼透的話還是會不舒服。建議還是多準備一套下半身衣物和襪子，以便在山屋更換。

終於要登山了！

登山也是有規定和禮儀須遵守。先了解走法、怎麼休息，如何因應高山症和受傷，以安全第一為原則登山吧。

登山篇

Q 開始登山前要做什麼準備？

A 讓身體習慣高山

要是引發高山症，難得的登山就泡湯了，因此建議在五合目停留1小時30分以上，以防止這樣的情況發生。可以做點輕度的拉筋等運動，讓身體適應高度。

Q 在五合目停留久一點

↑在五合目好好休息並做些暖身運動

Q 登山路線的交通規則為何？

A 下山者需禮讓道路

以上山登山者較多為狹窄小路，如果在下山登山客交會時，禮讓登山者先行通過為基本規則。但如果是在陡峭岩場等無法適用規則時，雙方可視情況，相互禮讓。

↑要時時考慮到其他登山者，以免發生意外

Q 有沒有比較不累的走法？

A 步伐小一點，速度不疾不徐

大步走容易讓行李晃才動，會大幅消耗體力。步伐小一點，不至於上氣不接下氣，以穩定的速度不疾不徐地前進。像把腳踩在比膝蓋低一點的階梯上，以這種感覺登山為宜。

● 走在砂礫（沙塵和小碎石）中
滿是砂礫的路徑，路面粗糙不平又容易滑倒。讓鞋底平均放於地面，緩緩地前進吧。

● 走在岩場中
選擇穩定的岩石，保持平衡邁小步前進。如果用力踢開岩石走，恐會大大增加落石的危險性。

● 走在階梯上
一口氣爬上去不僅亂了呼吸，也會消耗體力。建議減緩速度，慢慢地一階一階往上爬。

Q 不要造成其他登山者的困擾

A 休息時要注意哪些事項？

在狹窄的路徑休息時要留心，或是在鬆動的岩場造成落石，請務必多加小心。除了補充水分，也可吃些點心補充鹽分和糖分。休息時注意別讓身體變冷。

↑選擇寬闊又穩固的地方休息吧

Q 登山證要寄到哪裡？

A 可以用手機輕鬆寄出或是從五合目郵筒寄出表單

只要連上日本山岳導覽協會管理的網站「Compass」或手機APP，就可透過電腦或手機輕鬆寄出的五合目都有郵筒。如果是寄送紙本，每條路線的郵筒，投入即可。吉田路線的郵筒在五合目綜合管理中心。

»APP詳細資訊請看P.33

休息篇

Q 大概多久休息一次？

A 基本上一開始可以走30分休息5～10分

剛開始因身體還沒習慣登山的節奏，所以要密集一點休息。約走30分就要休息5～10分，並且原則上要趁身體還沒變冷時出發。找到節奏並習慣之後，可以每50分～1小時休息5～10分。

Q 山上廁所使用方式不同嗎？

A 跟一般廁所不同要確認使用方式

為保護環境，富士山上設置的廁所不同於一般，而且有好幾種類型，可以事先了解使用方式。除了衛生紙外，嚴禁將女性生理用品等物品丟進馬桶，並且請節約用水。

● 3種類型與使用方式

● 生物式木屑廁所
利用木屑內的微生物分解排泄物。因得混合木屑與排泄物，所以按下「攪拌」、「蓋蓋子」的按鈕。只要使用廁所提供的衛生紙或可溶於水的紙質，有時候會設置另外的容器，可將使用完的衛生紙丟入其中。

● 水淨化循環式(牡蠣殼)廁所
設置許多處理排水槽，並利用其中的微生物分解排泄物。使用起來類似家庭用沖水馬桶，也比較沒有味道，但無法溶解衛生紙，請務必丟入專用垃圾箱。

● 焚燒式廁所
以高溫燃燒處理排泄物。衛生紙也可以丟入馬桶中，但如果丟太多，泵浦會容易堵塞。

Q 廁所需要付費嗎？

A 記得準備零錢

費用都是小額因為是付費使用。收費方式各有不同，因此是將金額放入門把或是在出口收取小費等等。基本上為100日圓～300日圓，記得準備零錢，因為這裡可是不找零的。

↑使用登山路線或山屋的廁所請遵守規則

下山篇

Q 下山路線和登山路線不同嗎？

A 除了富士宮路線，其他路線的上下山都是走不同路線

吉田、須走、御殿場各路線的上下山都不同路徑。除非意外或有不得不的理由，否則應避免從下山路線登山，或是從登山路線下山的行為。

Q 下山時較容易受傷或發生意外，請小心前進

A 下山時應注意什麼事項？

下山一不小心就容易越走愈快，請先上廁所並確認完水分補給、裝備後，下山因已有先前的疲勞累積，心情也會比登山時來得放鬆，所以容易發生意外，請務必集中精神。經過砂礫或是岩場時，腿部的負擔會比上山來得重，建議多加利用登山杖。

Q 在砂走中應注意什麼？

A 穿戴所有裝備以抵擋防風沙

砂走為充滿柔軟砂石的下坡路段，因走一步就會前進1～2m而深受歡迎。但是，漫天沙塵曾跑進鞋子、眼睛、頭髮等，需做好預防風沙的對策。記得準備登山用綁腿和大條手帕、口罩、護目鏡等可以防風沙的裝備。

↑沙塵漫天飛舞，請先做好因應的準備

↑位在吉田路線五合目綜合管理中心的救護所

↑於登山季時設置的吉田路線八合目救護所

First Aid Kit

萬一這個時候… 意外狀況因應方式

若強行在空氣稀薄又陡峭的環境登山，容易發生意外危險。
為了登山的平安請確認以下注意事項，才能在意外狀況發生時迅速應對。

❓ 腳抽筋時怎麼辦？

🅐 可用消炎鎮痛劑緊急處理 有時是缺乏水分造成

不少人都會擔心腳抽筋，因為這是登山時常見的狀況。肌肉過度疲勞時就容易引發，所以有計畫的休息、不躁進地穩步登山是很重要的。由於身體水分不足時也容易引發抽筋，所以要記得常常補充水分。如果抽筋了，可趕緊用貼布等消炎鎮痛的藥物救急。

❓ 在山屋睡不著時？

🅐 切忌焦急 就算只是躺著也OK

山屋環境不比平常，有很多人在身體疲憊的時候反而無法好好入睡。此外，會有很多人來山屋睡覺，有時也會因為周圍雜音或燈光而難以熟睡。建議擔心的人可自備耳塞和眼罩。若怎樣都睡不著，躺著也可以讓身體獲得休息，所以不要焦急，靜靜閉上眼睛休息吧。

❓ 有落石發生的話？

🅐 大叫「有落石！」 讓周圍的人知道有危險

在岩場斜坡前進時，一定要注意不要造成落石，但如果不小心引發了，要趕快大叫「有落石！」，讓周圍的人知道有危險狀況。即便是小石頭，但於山坡滾動逐漸加速，擊中人有時也會造成嚴重受傷。越接近富士山頂岩場就越多，要非常小心落石。

❓ 高山症是怎樣的病症？

🅐 氧氣濃度低時引發各種症候群

又名高海拔疾病，症狀有很多種，像是頭痛、嘔吐、頭暈、呼吸不順等等。嚴重時會引發高山腦水腫和高山肺水腫，甚至可能致死，請務必做好充分應對準備。

● 預防方法
登山前的身體狀況控管非常重要。開始攀登前在五合目休息一小時半以上，讓身體習慣高度，開始爬的時候就算是和緩路段也不要太過躁進，以不疾不徐的速度攀登。

● 出現症狀時
只能馬上下山。因為只能趕快前往海拔低的地方，所以下山是最好的處理方式。吸氧氣可以暫時緩解症狀，但是有時吸了之後情況還是會惡化，並不是根本的解決之道。

❓ 除了高山症之外，還有什麼要注意的疾病？

🅐 由於日照直曬 有時可能會中暑

大部分登山路線都沒有可以遮陽的森林或建築物，體溫上升有時會造成頭暈、頭痛或噁心。事先調整好身體狀況，登山時穿戴帽簷寬大的帽子及可吸濕排汗的衣物為佳。
此外，不定時補充水分也很重要。夜間或氣候惡劣時要注意失溫症。

❓ 扭傷、擦傷等受傷時的處置？

🅐 下山時常見扭傷、擦傷。 務必要帶急救包

下山時常會發生扭傷、擦傷。不只是受傷要處理，最好也可事先在腳踝纏彈性繃帶做好預防。建議避免穿露出較多皮膚的短袖、短褲，免得造成皮肉擦傷。上山別忘了攜帶急救包。

❓ 與同伴失散時？

🅐 務必事先定好集合地點 別忘了帶手機

就算同伴有相同的體力也不一定可以順利登山。失散的原因有很多，如身體不舒服的人在半路跟丟、夜間登山或是登山路線有很多人等等。請事先定下集合地點，免得失散時慌亂。

❓ 容易遺忘的物品類型和的對策？

🅐 主要多是相機、手機、錢包 首先要做好不會遺漏的準備

登山時注意力較分散，容易遺漏物品。尤其是拍完紀念照或是上完廁所時都要特別留心。相機或手機可以加掛吊繩扣繫在衣服上，如果真的遺失請到最近的山屋，向警方報案。

❓ 遇到強風打雷等惡劣天氣時？

🅐 遇到打雷或強風時到山屋避難 為基本對應方式

富士山終年颳強風，也常發生因強風摔倒或跌落的意外，風向不定也是其一。六合目以上因為沒有樹木，無法避風。天空上方與底下溫差大的夏季午後常發生打雷，萬一遇到打雷可以進山屋躲避或是趕快趴倒於地面。

緊急聯絡單位

富士山五合目綜合管理中心（富士昴線五合目）
☎ 0555-72-1477
富士山安全指導中心（吉田口六合目）
☎ 0555-24-6223 （僅限7/1～9/10）
富士山綜合指導中心（富士宮口五合目）
☎ 090-2182-2239 （僅限7/1～9/10）
富士山衛生中心（富士宮口八合目）
☎ 090-2346-2238 （7/21～8/27、8/30～9/2）

路 線	受理場所	受理期間	受理時間
吉田路線	五合目	7月1日～9月11日9時	24小時
	六合目	7月1日～9月10日	6:00～18:00
	富士北麓停車場	7月11日～9月10日	4:30～8:30
富士宮路線	五合目	7月10日～9月10日	4:00～21:00
	水塚停車場	7月10日～9月10日	5:00～12:00
須走路線	五合目	7月10日～9月10日	4:00～21:00
御殿場路線	新五合目	7月10日～9月10日	4:00～12:00

〈山梨縣〉
利用富士山的疏伐材做成木牌
※款式有可能變動

〈靜岡縣〉
印有歌川廣重浮世繪的胸章
※此為2016年的款式

用富士山保全協力金 守護美麗的富士山

富士山在登錄為世界遺產之後，2014年開始設置「富士山保全協力金」，每人1000日圓，依個人意願徵收。所得金額將用於保護富士山自然環境及登山者的安全。對於支付協力金的人，山梨縣將贈送木牌，靜岡縣則贈送胸章作為協力證。除了可在五合目現場繳納之外，也可在超商或網路繳納。

了解山屋！

支援登山活動的山屋，因環境特殊而有許多不便之處。就以樂在其中的心情渡過吧。

Q 山屋是怎樣的地方？

A 山屋用來休息或住宿的設施，富士山山屋營業期間幾乎等同於登山季的7~9月上旬而已。因為是生活機能匱乏的環境，所以設備也是極為簡陋。由於會有許多登山人住，就先做好不會住得太舒適的心理建設吧。

↑登山據點蓋在嚴苛的環境中

Q 大約需要多少費用？

A 1泊2食住宿費約為7800日圓左右。

1泊2食費用約為7800日圓，純住宿則為5000日圓左右，有時週末需加價。住宿費需在辦理入住時支付，請注意不能刷卡。

Q 入住山屋的流程

A 先到櫃檯付費，晚餐後盡早就寢

住山屋跟住一般的旅館有很大的不同。先弄清楚流程才不會手忙腳亂。費用於辦理入住時付清，在指定時間用晚餐後，就盡早讓身體休息。

● 辦理入住
告知山屋工作人員使用者姓名，一定要提前打電話預約。若非登山季也會提供聯絡方式。後續使用方式請參照下述說明。

● 吃晚餐
晚餐大部分是咖哩，有時候會比較少，建議自己帶些麵包。

↑咖哩是山屋的固定菜色

● 吃早餐
早餐有的是在山屋裡吃，或是提供簡便的食物。

↑空間狹窄請多替周圍的人著想

● 整理好行李
盡量把行李收得簡潔平整，注意不要發出聲音。

● 第一件事是預約
週末和盂蘭盆節前後都是旺季，一定要提前打電話預約。若非登山季也會提供聯絡方式。

↑要好好吃早餐補充精力

● 退房
清點行李，確認沒有遺漏就離開，不用辦理退房。繼續登山行程之前先做點簡單的體操再出發。

Q 山屋有何禮儀或規則？

A 不要造成其他登山客困擾

狹小的山屋會擠滿許多登山客，請別忘記是在嚴峻的自然環境裡，與他人分享空間，當中也會有身體不適的人。為了讓彼此過得舒適，切記替他人著想。

● 遵守山屋規則
自己製造出的垃圾一定要自己帶走，遵守吃飯與就寢時間、廁所使用方式等規定事項，盡量小心不要造成紛爭。

● 勿發出太大聲音
在寢室裡睡覺盡量壓低聲量，不要打擾到休息的人。手機當然也要關靜音，盡量不要講電話。此外，塑膠袋的聲音很吵，要格外注意。

● 別對工作人員要求太多
使用者雖然付費住宿，但山屋工作人員是在嚴苛環境下面對無數登山者，盡量體諒對方並成熟對應。

● 取消務必告知
若會比預定抵達時間延遲許多，或因惡劣氣候或身體不適而放棄登山，需要取消預定的山屋時，請務必電話告知才有禮貌。

Q 不住宿也可使用山屋嗎？

A 可以，也可到山屋採購點心或用餐

山屋不只提供住宿，還可以買到點心、水或果汁等飲料，也可用餐休息。此外，如遭遇突來的強風或豪雨等惡劣氣候時，也可作為登山者的避難所。

山屋列表

依路線區分

確定登山時間後，就可預約山屋了。週末和盂蘭盆節是熱門時段，務必提早預訂！

本八合目 富士山飯店　ほんはちごうめふじさんホテル
本八合 ☎0555-24-6512
閒0555-22-0237　數350人
¥8350日圓~（1泊2食，多人房）HP有

東洋館　とうようかん
七合目 ☎0555-22-1040
閒0555-22-1040　數320人
¥10000日圓~（1泊2食，多人房）HP有

日の出館　ひのでかん
七合目 ☎0555-22-6522
閒0555-22-0396　數150人
¥7800日圓~（1泊2食，多人房）HP有

富士山MIHARASHI　富士山みはらし
五合目 ☎0555-72-1266
閒0555-72-1266　數60人
¥9180日圓~（1泊2食，多人房）HP有

本八合目 TOMOEKAN　ほんはちごうめトモエかん
本八合 ☎0555-24-6511
閒0555-24-6511　數250人
¥7800日圓~（1泊2食，多人房）HP有

太子館　たいしかん
八合目 ☎0555-24-6516
閒0555-22-1947　數360人
¥8500日圓~（1泊2食，多人房）HP有

七合目TOMOEKAN　ななごうめトモエかん
七合目 ☎0555-24-6521
閒0555-24-6521　數200人
¥7800日圓~（1泊2食，多人房）HP有

小御岳茶屋　こみたけちゃや
五合目 ☎0555-72-1475
閒0555-22-2445　數30人
¥8000日圓~（1泊2食，多人房）HP無

御来光館　ごらいこうかん
八合五勺 ☎0555-73-8815
閒0555-73-8815　數140人
¥8500日圓（1泊2食，多人房）HP有

蓬莱館　ほうらいかん
八合目 ☎0555-24-6515
閒0555-22-3498　數180人
¥8500日圓~（1泊2食，多人房）HP有

鎌岩館　かまいわかん
七合目 ☎080-1299-0223
閒0555-22-2383　數150人
¥7900日圓~（1泊2食，多人房，需網路預約）HP有

佐藤小屋　さとうごや
五合目 ☎090-3133-2230
閒090-3133-2230　數80人
¥8400日圓~（1泊2食，多人房）HP有

吉田路線 20間

富士宮路線 9間

白雲荘　はくうんそう
八合目 ☎0555-24-6514
閒0555-22-1322　數300人
¥7800日圓~（1泊2食，多人房）HP有

富士一館　ふじいちかん
七合目 ☎080-1036-6691
閒080-1036-6691　數130人
¥7800日圓~（1泊2食，多人房）HP有

里見平星觀荘　さとみだいらせいかんそう
六合目 ☎0555-24-6524
閒0555-24-6090　數100人
¥7560日圓~（1泊2食，多人房）HP有

富士急雲上閣　ふじきゅううんじょうかく
五合目 ☎0555-72-1355
閒0555-72-1355　數60人
¥7560日圓（1泊純住宿，隔間床）HP有

五合目休息站　五合目レストハウス
五合目 ☎090-7618-2230
閒090-7618-2230　數20人
¥7500日圓~（1泊2食，多人房）HP無

元祖室　がんそむろ
八合目 ☎0555-24-6513
閒0555-24-6513　數250人
¥7800日圓~（1泊2食，多人房）HP有

本七合目 鳥居荘　ほんななごうめとりいそう
七合目 ☎0555-84-2050
閒0555-84-2050　數250人
¥7560日圓~（1泊2食，多人房）HP有

花小屋　はなごや
七合目 ☎090-7234-9955
閒090-1602-5503　數150人
¥7800日圓~（1泊2食，多人房）HP無

五合園休息站　五合園レストハウス
五合目 ☎0555-72-1251
閒0555-72-1251　數僅供15人以上團體住宿
¥需洽詢 HP有

範例 ☎登山季時電話號碼　閒非登山季洽詢處　數容納人數　¥住宿費用　HP官網　布簾之類的隔間 有、無　步行5分內可欣賞御來光之場所 有、無

富士登山必備！

超實用 APP

無論是申請登山證或蒐集富士山資訊，都可以輕鬆辦理的簡便APP登場囉。讓富士登山更安全愉快！

可蒐集周圍觀光資訊！

富士山遍遊旅行

↑靜岡縣為富士山登山者和觀光客所製作的APP

↑詳細介紹富士山自然環境等等

這款APP可在出發前查好到富士山的交通方式，或是了解登山路線資訊及氣候狀況。還能在當地用創意相框拍攝登山或旅行的紀念照。同時可了解世界遺產富士山的魅力與歷史。

APP功能介紹
● 獲得富士山與富士登山相關知識
● 搜尋富士山周圍優惠設施
● 可用創意相框拍紀念照
● 破關就可獲得新相框的遊戲

iPhone Android
在此掃描下載

登山證製作好輕鬆！

登山證申請就上Compass 山與自然網路指南針

↑日本山岳導覽協會與地方自治團體合作經營管理

↑在地圖上輸入上下山地點選定路線

若使用夏季登山用的登山證（簡易申請），可透過地圖簡單做好預定登山路線並寄出，並可分享給家人或團體。此外還能免費下載山岳地圖、登山時接收防災資訊等等，加強登山安全的功能相當齊全。

APP功能介紹
● 可以製作、提出申請登山證
● 將登山計畫分享給朋友、家人
● 位置確認功能
● 氣象預報
● 接收防災資訊
● 送出登山證申請可獲得富士山周邊設施折價券

iPhone Android
在此掃描下載

御殿場路線 4間

見晴館
みはらしかん
本七合目 ☎090-1622-1048
電 090-1622-1048 數90人
¥ 7800日圓～（1泊2食、多人房）
HP無

大石茶屋
おおいしちゃや
新五合目 ☎090-8955-5076
電 0550-89-2941 數50人
¥ 7500日圓（1泊2食、多人房）
HP無

わらじ館
わらじかん
七合四勺 ☎090-4853-8798
電 090-4853-8798 數40人
¥ 7500日圓～（1泊2食、多人房）
HP有

砂走館
すなばしりかん
七合五勺 ☎090-8868-0341
電 0550-89-0703 數150人
¥ 7500日圓（1泊2食、多人房）
HP有

赤岩八合館
あかいわはちごうかん
七合九勺 ☎090-3155-5061
電 0550-89-0703 數150人
¥ 7500日圓（1泊2食、多人房）
HP有

東富士山莊
ひがしふじさんそう
五合目 ☎090-3254-5057
電 0550-75-2113 數30人
¥ 7000日圓（1泊2食、多人房）

江戸屋（下江戸屋）
えどや
八合目 ☎090-2770-3518
電 090-2770-3518 數180人
¥ 7800日圓～（1泊2食、多人房）
HP有

胸突江戸屋（上江戸屋）
むなつきえどや
本八合目 ☎090-7031-3517
電 090-7031-3517 數210人
¥ 7800日圓～（1泊2食、多人房）

山口屋
やまぐちや
山頂 ☎090-5858-3776
電 0550-75-2012 數150人
¥ 7000日圓（1泊2食、多人房）

大陽館
たいようかん
七合目 ☎090-3158-6624
電 0550-75-4347 數150人
¥ 10260日圓（1泊2食、多人房）
HP有

万年雪山莊
まんねんゆきさんそう
九合目 ☎090-7025-2236
電 0544-27-2355 數250人
¥ 7500日圓（1泊2食、多人房）

吉野屋
よしのや
砂場五合目 ☎090-7854-7954
電 0550-75-2019 數100人
¥ 5000日圓～（1泊2食、多人房）
HP有

胸突山莊
むなつきさんそう
九合五勺 ☎090-5855-8759
電 090-5855-8759 數150人
¥ 7500日圓～（1泊2食、多人房）
HP有

頂上富士館
ちょうじょうふじかん
山頂 ☎090-3301-3512
電 0544-26-1519 數150人
¥ 7500日圓～（1泊2食、多人房）
HP有

瀬戸館
せとかん
本六合目 ☎090-3302-4466
電 0550-89-0374 數90人
¥需洽詢
HP無

山荘菊屋
さんそうきくや
五合目 ☎090-8680-0686
電 0550-75-5868 數70人
¥ 7200日圓（1泊2食、多人房）
HP有

雲海荘
うんかいそう
六合目 ☎090-2618-2231
電 0544-26-4533 數80人
¥ 7500日圓～（1泊2食、多人房）
HP無

宝永山荘
ほうえいさんそう
六合目 ☎090-7607-2232
電 0544-26-4887 數80人
¥ 7500日圓（1泊2食、多人房）
HP有

御来光山荘
ごらいこうさんそう
新七合目 ☎090-4083-2233
電 0544-26-3942 數180人
¥ 7500日圓～（1泊2食、多人房）
HP有

山口山荘
やまぐちさんそう
元祖七合目 ☎090-7022-2234
電 0544-23-3938 數180人
¥ 7500日圓～（1泊2食、多人房）
HP有

池田館
いけだかん
八合目 ☎090-2772-2235
電 090-2772-2235 數250人
¥ 7500日圓～（1泊2食、多人房）
HP有

長田山莊
おさださんそう
新六合目 ☎090-8324-6746
電 090-8324-6746 數50人
¥ 7500日圓～（1泊2食、多人房）
HP有

須走路線 10間

日本第一高山富士山頂也有山屋

登山前想先瞭解富士山

富士山擁有10萬年的歷史，並培育出湖水及樹海等自然環境。若能了解富士山的形成，想必於旅途中所見風景必能更印象深刻！

富士山的形成與自然環境

比起飛驒山脈等山脈，富士山的歷史尚淺，但活躍的火山活動大大地影響了周遭環境。

活火山「富士山」約誕生於10萬年前！

大約在距今10萬年前，小御岳火山中腹發生火山爆發，此被認為是現今富士山的起點。以下圖來說的話，就是古富士形成的時候。接著反覆經歷數百次的火山爆發及無數次的山崩，來到新富士時代，一直到現今式噴發轉為寧靜式噴發，噴發型態從爆裂來到新富士時代，一直到現今式噴發轉為寧靜式噴發。在繩文中期、平安、江戶時代也都反覆發生噴發直到現仕。

昭和時代雖將富士山歸類為「活火山」和「非活火山」兩種，富士山被歸類為活火山。

形成4階段

新富士	約11000年前開始形成至今。
古富士	因大約10幾萬年前開始的噴發帶來的堆積物所形成
小御岳	約20幾萬～10萬年前形成。為富士山的基礎。
先小御岳	2004年發現最古老的火山層。

大規模火山爆發發生過幾次？

富士山有超過10次以上的噴發紀錄，其中最值得提出的有以下3次。延曆噴發於延曆19（800～802）年間陸續發生，造成大量火山灰落下。此時的東海道足柄路遭碎石覆蓋阻塞，因而開通箱根路。貞觀噴發於貞觀6（864）年6月發生，當時噴出巨大火柱與熔漿。接著是發生於寶永4（1707）年的寶永大噴發。這是距今的最後一次噴發，就連江戶都有火山灰落下。這時形成的寄生火山即為寶永山（→P21）。

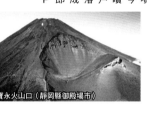
寶永火山口（靜岡縣御殿場市）

富士山特有的熔岩樹型是什麼？

所謂的熔岩樹型，就是噴發流出的熔岩吞噬了樹木，樹木燃燒殆盡後只留下空洞冷卻成型。其中甚至有直徑數公尺的巨大熔岩樹型（→P37）全長就高達68m。船津胎內樹型。

形成富士山的山崩是什麼？

所謂的山崩，就是隨著大地震或噴發，造成部分的山勢崩塌。抑或叫做岩屑崩瀉，過去曾發生過4次。最近的一次山崩則在大約2900年前，發生於富士山東側的「御殿場岩屑崩瀉」。據了解起因並非火山爆發，而是大規模地震所造成。

富士山無法形成河川、溪流或沼澤！

水易滲透的火山噴出物覆蓋於富士山地表，水分會流入地下，無法累積於山谷間，因而無法形成河川。由於沒有河川就不會形成溪流或沼澤，所以少有魚類、爬蟲類或兩棲動物。此外也有一說是因為日本獼猴未棲息於此，故而沒有溪流。

經年累月於山中降下的積雪和雨水，穿過地底湧現於地表。忍野八海（→P37、41、56）就是這樣來的。白絲瀑布（→P37、45）也是一樣，滲透地底的水分從熔岩壁湧出，幾絲水流於是形成了瀑布。

忍野八海 出口池

白絲瀑布

富士五湖是因為富士山噴發形成的嗎？

在古富士火山時代，西湖、本栖湖原是1個名為「剗海」的大湖。後來富士山的噴發型態轉為寧靜式噴發，於是形成目剗海被斷開來的本栖湖，以及河川堰塞形成的河口湖。另外，山中湖是延曆19（800）年的噴發造成河川堰塞而形成。還有貞觀6（864）午，因貞觀噴發致使剗海分成西湖與精進湖，富士五湖於焉形成。

美麗的輪廓是有歷史的

富士山基本DATA

標高	3776.3m
火山口	直徑780m，深度237m
位置	北緯35度21分38秒 東經138度43分39秒
山系	獨立峰
類型	複式火山、活火山

本栖湖

山中湖

青木原樹海誕生圖

青木原樹海誕生	荒涼的熔岩大地	寄生火山噴發	兩大湖時代
	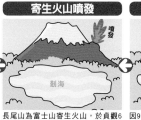		
鐵杉、檜木等樹木開枝散葉生長密集，於山麓形成大片森林。	在經年累月之下，凝固的岩漿上開始長出苔類植物，慢慢有林木冒出新芽。	長尾山為富士山寄生火山，於貞觀6（864）年噴發。岩漿把「剗海」分開。	因9000年前的噴發，富士山東北角於是誕生了「宇津湖」和「剗海」。

青木原樹海是怎麼形成的？

富士山的寄生火山長尾山噴發後，樹木在冷卻凝固的熔岩上經年累月地成長，因而形成如今的樹海。青木原樹海更是入選「日本秘境百選」的美麗原始森林。走在遊步道，便能安全地享受在樹海的自然當中。

從山麓的樹海到山頂附近有各種生物棲息

富士山垂直分布明顯，從山麓到山頂可分為照葉樹林帶、夏綠樹林帶、針葉樹林帶和高山草原。以照葉樹林的樹海為始，山麓的森林有許多亞洲黑熊和狐狸等許多動物棲息。有多種植物生長的夏綠樹林帶，在海拔1500左右可見到山毛櫸等闊葉樹林，屬於針葉樹林帶（海拔2500m）的五合目附近，則有整片如落葉松等等的針葉樹林。五合目已經來到森林的邊界，海拔3300m以上的高山草原界幾乎都是苔類植物了。

明明是高山卻很少高山植物？

儘管富士山是日本第一高山，但高山植物少也是其一大特點。高山植物是冰河時期從大陸帶來的植物，在那個時候富士山並非以如今的樣貌存在，算是植物不易留存的環境。

樹海中有形狀奇妙的樹木

由於樹海的地基是岩漿，大片森林植物可說是在嚴峻的環境中生長。土壤層淺致使樹根橫向生長，與其他樹木相互交纏。老樹腐朽後便成為新樹的養分。激烈的環境造就出其他地方看不到的樹木形狀。

倒木上冒出了新生命

周圍何時開始有人類居住？

在靜岡縣富士宮市的千居遺跡，發現約有20戶繩文時代中期到後期的居住遺址，推估約5000年前就有人類居住了。

眾多奇形怪狀的樹木

透過環保活動打造日本第一美麗山脈

為維護美麗的景觀與環境，許多環保團體在此活動。歷史悠久的團體經營超過50年，近年更有不少處理排泄物和垃圾等各方面成果。此外，山梨、靜岡兩縣在1998年共同制定「富士山憲章」，結合地方自治團體與民間團體的力量，致力留給後世美麗的富士山。

頂著笠雲的富士山亦別具風情

從雲的形狀可預測天氣與氣溫！

與富士山息息相關的雲，以高掛富士山頂或附近的「笠雲」和富士山背風處形成的「吊雲」為人所熟知。吊雲和大部分的笠雲多是壞天氣的徵兆，不過也有視為晴朗天氣預兆的笠雲，稱之為「日和笠」。

棲息富士山的動植物圖鑑

梅花鹿	氈鹿	亞洲黑熊
愛鷹山等處有多數棲息。有時也會在夜間橫越荒涼的寶永山。	曾於大澤崩出現蹤影。在森林被天敵追捕時會躲入險峻斷崖。	生活在富士山周邊的最大型哺乳類。數量不多，棲息於山麓森林等處。
熊鷹	毛吻鼴鼱	日本睡鼠
翱翔富士山周圍天空的鳥中之王。這種大型猛禽類的翅膀展開時，可長達160-170cm。	為棲息高山地鼴鼠中的一種，但在富士山也生存於海拔約800m的青木原樹海等地。	齧齒目的一種。被指定為日本天然紀念物，不過也有人曾經在山頂看過。
苔類	山毛櫸	富士薊
從山麓林區到山頂附近岩石表面都有，總共有100種以上。	為高度可達30m的落葉樹。山毛櫸林地約生長在海拔800～1700m處。	一入秋，這種形狀似鳳梨的掌心大紫色花朵便會盛開。

笠雲的種類與天氣

末廣笠雲	播卷笠雲	橫筋笠雲	鏡片笠雲	圍裙笠雲	單笠雲	積笠雲	離笠雲
風雨	風雨	風雨	雨	雨	雨	晴	晴
受風勢影響，雲往單一方向流動形成三角狀。為下雨前兆，風勢也會增強。	狀似棉質寬鬆睡衣的「播卷」，當山頂有此雲覆蓋，代表風雨將增強。	形狀有如幾個倒放的茶杯相疊。常見於夏天，風雨會逐漸變強。	雲的中段會像鏡片般較厚一點。常見於春天，被視為下雨前兆。	在山頂往下一點的位置出現，有如山圍了條圍裙一樣。常見於夏天，天氣會持續轉壞。	這是最典型的笠雲。看似戴帽子。春天到夏天最常出現，為下雨前兆。	看似一些小雲朵相互堆積。這種主要出現在春天，雖然是預告晴天可是會變得非常冷冽。	看起來像是雲浮在富士山頂上方一樣。冬天常會看到，是晴天的預兆。

吊雲種類

層積吊雲	波動吊雲	圓筒吊雲	椎狀吊雲	波浪吊雲	渦動吊雲	翅膀吊雲	橢圓吊雲

登錄為世界遺產的日本至寶!!

世界遺產 富士山

富士山是信仰的對象與藝術的泉源

在此將羅列構成資產&構成要素清單

不只是富士山本身,包括山麓各地的淺間神社、御師住宅等與富士山信仰息息相關的設施,還有富士五湖、三保松原這些名勝等等,許多景點都被認證擁有世界遺產級的價值。

---

① 富士山域
ふじさんいき **MAP P.95 C-3**

作為「信仰的對象」與「藝術的泉源」,富士山價值中尤其重要,海拔約1500m以上山域為中心的這個區域則登錄為「富士山域」。

靜岡縣・山梨縣

1-5 吉田口登山道
よしだぐちとざんどう **MAP P.95 C-3**

山梨縣➡P.14

以北口本宮富士淺間神社為起點,通往富士山頂。14世紀後半隨著到富士山的登山參拜而興建給參拜者住宿的宿坊,從18世紀後半開始是最多人走的路線。

1-6 北口本宮富士淺間神社
きたぐちほんぐうふじせんげんじんじゃ **MAP P.99 B-4**

擁有1900年的悠久歷史,為富士山信仰聖地。吉田口登山道起點就在境內,因許多登山者的造訪而熱絡。包括桃山樣式的本殿等等被指定為國家重要文化財。

山梨縣➡P.41

1-7 西湖
さいこ **MAP P.99 C-1**

此湖位在河口湖西部,周邊有西湖蝙蝠洞、鳴澤冰穴、富岳風穴等熔岩洞窟,還有整片青木原樹海原生林,在寧靜的環境中盡情享受大自然。

山梨縣

1-8 精進湖
しょうじこ **MAP P.99 A-1**

富士五湖中最小的湖。秋天時,湖邊有楓葉與合花楸美麗地點綴。從湖的北側可以看到抱子富士,也是精進湖的招牌景點。

山梨縣

1-9 本栖湖
もとすこ **MAP P.99 A-2**

水深121m,為富士五湖中最深的湖。夢幻的湖水色澤有琉璃色之美稱,並且相當清澈。千圓紙鈔上的圖案,正是從本栖湖望去的景色。

山梨縣➡P.42

1-1 山頂信仰遺跡群
さんちょうのしんこういせきぐん **MAP P.95 C-3**

從到富士山登山參拜的時代開始,除了山麓之外,山頂開始興建寺院及供奉佛像。包括神社在內,現在火山口壁沿路都有不少信仰遺跡。

靜岡縣・山梨縣

1-2 大宮、村山口登山道
(現富士宮口登山步道)
おおみやむらやまぐちとざんどう(げんふじのみやぐちとざんどう) **MAP P.95 C-4**

靜岡縣➡P.20

以富士本宮淺間大社為起點,經過村山淺間神社通到山頂南側的登山路線。資產範圍為現在的六合目以上。路況整頓良好,新手攀登也沒問題。

1-3 須山口登山道
(現御殿場口登山道)
すやまぐちとざんどう(げんごてんばぐちとざんどう) **MAP P.94 D-4**

靜岡縣➡P.25

以須山淺間神社為起點,通往山頂東南邊的登山路線。文明18(1486)年時就有登山道。構成資產範圍是現在御殿場口登山道的海拔2500m以上,還有須山御胎內周邊。

1-4 須走口登山道
すばしりぐちとざんどう **MAP P.94 D-3**

靜岡縣➡P.24

以富士淺間神社為起點,八合目時與吉田口登山路線會合,通往山頂東邊。18世界後半,有很多人會走這條路,像是「富士講」信徒等等。資產範圍是五合目以上。

長達20年的運動開花結果

終於成功登錄

推動富士山登錄為世界遺產,起源可回溯至1990年代前半。當初雖然也企圖推動登錄為自然遺產,但因被指出垃圾與排泄物的處理缺失,便暫時擱置。後來著眼於遍布山區的信仰相關貴重遺產,以及許多成為文學、美術題材的藝術價值,於是開始推動登錄文化遺產,像是葛飾北齋畫的富士山浮世繪,也大大影響了西洋藝術界。

2007年列入日本世界遺產候補暫定清單,之後由日本政府向聯合國教科文組織遞交推薦函。國際文化紀念物與歷史場所委員會來到當地進行調查。

接著在2013年6月,以「富士山是信仰的對象與藝術的泉源」為由,成功登錄為世界遺產。其構成資產除了富士山本身之外,還有淺間神社的總本宮和富士五湖、熔岩洞窟等等。

登上富士山吧！

4條路線完全導覽

P.10 富士登山的基本Q&A

P.28

登山前想先瞭解富士山

P.34

構成資產分布圖

構成資產	擁有顯著共通價值的區域
構成因素	有效保全資產為目的，規劃為資產周邊的區域
緩衝地帶	緩衝地帶或構成資產周邊緩衝地帶以外側，須由主體管理的區域
保全管理區域	

② 富士山本宮淺間大社
ふじさんほんぐうせんげんたいしゃ

MAP P.100 B-1

被譽為全日本1300間淺間神社的總本宮，供奉富士山為神，富士山八合目以上都屬神社範圍，山頂有奧宮。境內有湧玉池，神職人員會用該富士山湧泉進行除穢。

靜岡縣→P.44

⑧ 富士御室淺間神社
ふじおむろせんげんじんじゃ

MAP P.98 B-2

興建於吉田口登山道二合目，相傳富士山中最早供奉的神社。為重要文化財。

山梨縣

所山梨縣富士河口湖町勝山3951 富士急行河口湖站搭西湖、青木湖周遊懷舊巴士16分，富士御室淺間神社下車即到 P23輛

㉑ 船津胎內樹型
ふなつたいないじゅけい

MAP P.99 A-4

入口在船津胎內神上當中。是全長約68m的大規模熔岩樹型。

山梨縣

所山梨縣富士河口湖町船津6603 富士急行河口湖站車程15分 P10輛

㉒ 吉田胎內樹型
よしだたいないじゅけい

因噴發而形成的熔岩樹型。其形狀被形容像是胎內模樣，並成為信仰的對象。

※不對外開放

山梨縣

㉓ 人穴富士講遺跡
ひとあなふじこういせき

MAP P.101 C-3

因富士山噴發所造成的風穴之一。為富士講開山祖長谷川角行，修行並過完餘生的聖地。

所靜岡縣富士宮市人穴206 JR富士宮站車程40分 P44輛

靜岡縣

㉔ 白絲瀑布
しらいとノたき

MAP P.101 C-4

靜岡縣→P.45

橫寬150m的富士山湧泉滿溢而形成瀑布的觀光地。據傳16~17世紀，富士講開山祖長谷川角行在此修行，而成為巡禮和修行的場地。

㉕ 三保松原
みほのまつばら

MAP P.101 C-2

靜岡縣→P.48

三保松原為擁有著名絕景，靈峰富士、蔥綠松林和藍海的名勝美地。海濱可見到羽衣傳說故事中的「羽衣之松」。

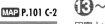

⑨ 舊外川家住宅(御師住宅)
きゅうとがわけじゅうたく(おしじゅうたく)

MAP P.99 B-3

御師家內部亦相當古老，主屋建造於明和5（1768）年。在其他廂房有供奉神明，傳承富士山信仰。

所山梨縣富士吉田市上吉田3-14-8 富士急行富士山站步行5分 P12輛

山梨縣

⑩ 小佐野家住宅(御師住宅)
おさのけじゅうたく(おしじゅうたく)

為御師住宿處。小佐野家是日本少數世代皆擔任神職之家，以其為範例指定為國家重要文化財。可參觀富士吉田市歷史民俗博物館的修復住宅（照片）。

山梨縣 ※一般不對外開放

⑪ 山中湖
やまなかこ

MAP P.98 B-4

山梨縣

富士五湖中最大，面積約6.57km²。湖面海拔也是富士五湖中最高，水深則是最淺。湖畔的長池親水公園為著名景點，可以欣賞倒映於湖面的「逆富士」。

⑫ 河口湖
かわぐちこ

MAP P.98 B-1

為富士五湖中與首都圈交通連絡最便捷，並很早就開始開發觀光。從河口湖北岸可欣賞到的逆富士景觀相當著名。

山梨縣

⑬~⑳ 忍野八海
おしのはっかい

MAP P.98 A-3

山梨縣→P.56

因富士山伏流水而形成8處池塘的湧泉群。修行者在登山參拜前會以此處水除穢。

⑬出口池 ⑭御釜池 ⑮底抜池
⑯銚子池 ⑰湧池 ⑱濁池
⑲鏡池 ⑳菖蒲池

③ 山宮淺間神社
やまみやせんげんじんじゃ

MAP P.97 B-2

為富士山本宮淺間大社前身，沒有正殿，但有參拜富士山的遙拜所。

靜岡縣

所靜岡縣富士宮市山宮740 JR富士宮站車程15分 P15輛

④ 村山淺間神社
むらやませんげんじんじゃ

MAP P.97 B-2

12世紀時相當興盛，為修驗道的中心。直到19世紀後半都負責管理大宮、村山口登山道。

所靜岡縣富士宮市村山1151 JR富士宮站車程20分 P10輛

靜岡縣

⑤ 須山淺間神社
すやませんげんじんじゃ

MAP P.96 D-2

此神社同時作為須山口登山道的起點。從室町時代的大永4（152）年即存在。靜岡縣

所靜岡縣裾野市須山722 JR御殿場站搭往遊樂地ぐりんぱ的巴士25分，淺間神社入口下車，步行5分 P14輛

⑥ 富士淺間神社(須走淺間神社)
ふじせんげんじんじゃ(すばしりせんげんじんじゃ)

MAP P.94 E-3

同時也是須走口登山道的起點。相傳是興建於大同2（807）年。

靜岡縣

所靜岡縣小山町須走126 JR御殿場站搭往河口湖方向的巴士25分，須走淺間神社前下車即到 P26輛

⑦ 河口淺間神社
かわぐちあさまじんじゃ

MAP P.98 C-1

山梨縣

相傳因9世紀後半的噴發，北麓才初次興建了淺間神社。

所山梨縣富士河口湖町河口1 富士急河口湖站搭往甲府站的巴士12分，河口局前下車步行3分 P50輛

學習富士

快樂調查 自然與文化！

包括富士山的形成、富士山信仰的歷史由來、氣象觀測等等，讓我們一起到山麓設施了解各種富士山相關知識吧。

河口湖

山梨縣立 富士山世界遺產中心

★2016年 啟用！

★やまなしけんりつふじさんせかいいさんセンター

欣賞與學習 富士山信仰與藝術

介紹與富士山相關自然、文化及與人類的連結。除了巨大富士山模型，還有使用最新技術的互動型展覽設施。天氣晴朗時還可在觀景台眺望富士山。

☎0555-72-0259 🕐8:30～17:00（夏季開館時間延長）休南館第4個週二，北館無休 ¥南館420日圓，北館免費 所山梨県富士河口湖町船津6663-1 🚉富士急行河口湖站搭河口湖、鳴澤、精進湖、本栖湖周遊巴士12分，富士山世界遺產センター下車即到 🅿100輛
MAP P.99 A-3

↑「富嶽三六〇」以光線展現出富士山一日的流逝與季節變化的豐富樣貌

↑可以用超高速體驗登富士山參拜

↑山口晃所描繪的「富士北麓參詣曼荼羅」

富士宮

富士山世界遺產中心

★2017年12月23日開幕！

★ふじさんせかいいさんセンター

將富士山價值傳承後世

以「守護」、「傳承」、「交流」、「研究」富士山為概念，利用影像等介紹富士山的形成與相關藝術作品。最頂樓可以遠眺富士山。

☎0544-21-3776 🕐9:00～17:00（7、8月9:00～18:00）休每月第三週二、施設檢查日（第三週二若為國定假日則開館，改修翌日）所静岡県富士宮市宮町5-12 🅿可停在鄰近的富士宮市神田川觀光停車場（收費）🚉JR富士宮站步行10分
MAP P.100 B-2

↑館為以木框包覆的倒三角形展覽

富士吉田

富士山雷達巨蛋館

★ふじさんレーダードームかん

可以參觀富士山雷達

內部展示著在富士山頂觀測氣象35年的富士山雷達。包括整個建造過程的展示，還有可感受山頂氣溫和風速的體驗區都不能錯過。

☎0555-20-0223 🕐9:00～16:30（17:00閉館）休週二（逢假日則翌日休，7、8月無休）¥610日圓 所山梨県富士吉田市新屋1936-1 🚉富士急行富士山站搭往旭日丘、忍野方向的巴士10分，サンパークふじ下車即到 🅿69輛
MAP P.99 C-4

鄰近富士吉田市歷史民俗博物館與富士吉田公路休息站

富士吉田

富士吉田市歷史民俗博物館

透過最新影像技術 學習富士山知識

以「了解富士山」為主題，展出許多與富士山信仰相關文物的博物館。展覽物運用像是光雕投影和童話卡通、觸控式螢幕等方式，讓民眾樂在其中。

☎0555-24-2411 🕐9:30～16:30（17:00閉館）休週二（黃金週及暑假無休）¥400日圓 所山梨県富士吉田市上吉田2288-1 🚉富士急行富士山站搭往山中湖方向的巴士15分，サンパークふじ下車即到 🅿50輛
MAP P.99 C-4

↑以1/2000比例尺的模型呈現光雕投影

↑還有富士登山歷史的相關展覽

何謂富士山信仰？

富士山信仰 是指將富士山視為神體

人們相信日本第一高山是神所居住的世界，因此自古以來便將富士山視作信仰對象。起初只是遠遠地遙拜山脈，但為了平息富士山一再噴發的情況，便開始供奉淺間大神。

↑富士山本宮淺間大社與富士山

富士山女神木花開耶姬

木花開耶姬（木花之佐久夜毘賣命）約在江戶時代確立為富士山的神明，以各個淺間神社的祭神之意，根據神話故事而被信奉為安產之神。其名有如櫻花盛開般美麗的女性之姿受到供奉。

↑江戶時代末期打造的「木花開耶姬像」（收藏於富士吉田市歷史民俗博物館）

富士登山與富士山信仰

據傳最先登上富士山的人是聖德太子。室町時代後期，長谷川角行將以富士登山為主要活動的修驗道發揚光大，到了江戶時代中期，富士登山成為被稱作「富士講」的信仰，在關東一帶流行起來。

↑『絹本著色富士曼荼羅圖』描繪著室町時代登富士山參拜的情況（收藏於富士山本宮淺間大社，非公開品）

初夏的大石公園有滿滿的
薰衣草點綴河口湖畔

↑搭乘富士山景觀特急列車享受優雅的火車之旅

↑眺望富士山的湧泉故鄉・忍者八海

↑在富士野生動物園可親近動物們

歡迎來到休閒王國！

富士山山麓導覽

富士山麓有湖、樹海等豐大自然，還有許多特色休閒設施。在氣候涼爽的渡假勝地，盡情遊玩並享受溫泉、美食！

CONTENTS

原來 "富士山麓" 是這樣的地方！

本書有介紹

西湖地區 ★さいこ
大自然所打造的原生林是如此神秘

精進湖・本栖湖地區 ★しょうじこもとすこ
富士山的美麗景觀四季都有不同風情

山梨縣

朝霧高原地區 ★あさぎりこうげん
有許多牧場的酪農地帶還能品嘗牧場美食

靜岡縣

富士宮地區 ★ふじのみや
舉行開山祭典的富士山信仰聖地

清水地區 ★しみず
這裡的清水港有著日本首屈一指的鮪魚漁獲量

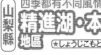

沼津・三島地區 ★ぬまづみしま
盡情飽覽富士風光這裡的海鮮料理名聞遐邇

河口湖地區 ★かわぐちこ
富士五湖中最熱鬧區域度假氣氛滿點

富士吉田地區 ★ふじよしだ
許多登山者以此為起點信仰與登山的據點之街道

忍野地區 ★おしの
富士山景觀與豐富湧泉滋養了村落

山中湖地區 ★やまなかこ
閃耀藍色光芒的美麗湖水夏天也涼爽的高原度假地

山梨縣

御殿場地區 ★ごてんば
豐富的美食＆購物商店

靜岡縣

十里木地區 ★じゅうりき
在富士山中腹高原有許多主題樂園

出發尋找撼動人心的風景！
風景感動兜風之旅！

富士山麓有很多其他地方看不到的絕佳美景。愉快開車的同時，享受豐富多變的富士風情吧！

行程A

一置身自然交織而成的絕佳美景

富士北麓行程

在遠闊花田中眺望富士山

⬆夏季會有近22萬株向日葵綻放

---

1 山中湖 花之都公園
★やまなかこはなのみやここうえん

所需時間 45分～

在這座公園可欣賞到繽紛花卉與富士山景色。春天到秋天之時，田裡會有各種花朵盛開。付費區「清流里」內的全天候溫室，可觀賞到熱帶植物等等。

☎0555-62-5587
🕐8:30～17:00（17:30閉園，視時期而異）
休無休（12月1日～3月15日週二休，逢假日則開園）
費付費區為500日圓（視時期而異）
所山梨縣山中湖村山中1650
富士急行富士山站搭山中湖周遊巴士30分，花の都公園下車即到
P220輛
MAP P.98 B-3

⬆7月上旬～中旬為罌粟花季
➡夏天到秋天盛開的百日草

這裡也想去看看！

山中湖 從 1 車程17分

全景台
★パノラマだい

所需時間 15分～

飽覽富士山與山中湖

位在山中湖到三國峠的縣道途中。傍晚染上赤紅的天色搭配富士山的剪影美不勝收。

☎0555-62-3100
（山中湖觀光協會）
見自由參觀
所山中湖村平野
富士急行富士山站車程30分
P10輛
MAP P.98 C-4

➡停車場內設有導覽看板和洗手間

置身花田與湖畔
欣賞日本第一高山

從 山中湖ー IC開始兜風行程。逛完開滿當季花卉的花之都公園、湧現富士山伏流水的忍野八海之後，可以到北口本宮富士淺間神社，了解富士信仰的歷史。來到可隔著河口湖欣賞富士山的大石公園，稍事休息後前往本栖湖，尋找千圓紙鈔上的富士山景色。旅程就以溫泉收尾，好好地放鬆身體吧。

行車時間	約2小時
行車距離	約76km
預算	約2500日圓

Goal!	8	7	6	5	4	3	2	1	Start!
東富士五湖道路河口湖IC	赤富士ワインセラー	富士眺望之湯 YURARI	中之倉峠觀景台	本栖湖	大石公園	湖畔のパン工房 Lake Bake 行程A可順便去這裡！	ふじ山食堂	北口本宮富士淺間神社	忍野八海	全景台	山中湖 花之都公園	東富士五湖道路山中湖IC

3分·2km｜11分·7km｜24分·16km｜38分·25km｜17分·11km｜即到·600m｜9分·6km｜8分·5km｜5分·3km

⬅可以遠眺到富士山的山腳一帶。

※行車時間、行車距離、預算不包括「這裡也想去看看！」設施在內。
※預算為兜風行程中的設施使用費用、餐費及付費道路的加總預估費用。

富士山山麓導覽

自駕兜風

P.40 人氣景點
P.50 交通工具之旅
P.62 美食
P.70 伴手禮
P.82 溫泉不住宿
P.84 住宿
P.88

富士山

走在冒出清澈水源的湧水里

→散步在美麗的水邊，享受忍野的大自然
←中池是拍攝富士山的好地點而擁有高人氣

忍野 2 忍野八海
★おしのはっかい

所需時間 30分～

富士山積雪溶解後滲入地下，在經過漫長歲月的湧現形成8座池子。池水周邊有茅草屋和水車等等，盡是往日懷舊山野情。

→約56
MAP P.98 A-3

鄉土料理吉田烏龍麵有嚼勁的口感超優秀！

→於2016年開幕
←炸什錦富士登山烏龍麵（普通大小）600日圓

富士吉田 4 ふじ山食堂。
★ふじさんしょくどう

所需時間 30分～

在這裡可品嘗到富士吉田的鄉土料理吉田烏龍麵。有嚼勁的麵條與清爽高湯堪稱絕配。還有以前富士講登山者登山前會吃的清湯烏龍麵等等，其他品項也很豐富。

MAP P.99 B-3

請接P.42

充滿神聖氣息的**能量景點**

←據傳日本武尊也曾在這裡通過拜富士山

→拜殿旁有棵樹齡近千年的杉木聳立
→授與所也有販售繪有富士山圖案的御守（香油錢500日圓）

富士吉田 3 北口本宮富士淺間神社
★きたぐちほんぐうふじせんげんじんじゃ

所需時間 20分～

☎0555-22-0221

📅受理參拜9:00～16:30（夏季開放時間延長） 🈳無休 ¥免費參拜參觀 📍山梨縣富士吉田市上吉田5558 🚌富士急行富士山站步行20分 🅿150輛

擁有1900年歷史，為人人所熟知的富士信仰聖地。不僅是世界遺產的構成資產之一，桃山樣式的正殿等等也被指定為重要文化財，參道上夾道的杉樹也很迷人。

MAP P.99 B-4

→手水舍指定為縣有形文化財，參拜前來清洗一番吧

這裡也想去看看！

→還有可以欣賞富士山的咖啡廳
→1天提供40種以上的麵包

所需時間 15分～

河口湖 從 4 車程15分

湖畔のパン工房 Lake Bake
★ごはんのパンこうぼうレイクベイク

以葡萄製作天然酵母所做出的麵包深受歡迎

這間烘培坊鄰近大石公園。使用自製酵母做成的堅果巧克力等麵包大獲好評。

☎0555-76-7585
📅10:00～17:00 🈺休週三・第2、4週四（黃金週、假日無休）📍山梨縣富士河口湖町大石2585-85 🚌富士急行河口湖站搭河口湖周遊巴士27～32分，河口湖自然生活館下車步行3分 🅿11輛 **MAP P.98 B-1**

富士山北麓 **行程 MAP**

5 大石公園
湖畔のパン工房 Lake Bake
8 赤富士ワインセラー
4 ふじ山食堂。
2 忍野八海
1 山中湖花之都公園
7 富士眺望之湯 YURARI
6 本栖湖
Goal! 河口湖IC
3 北口本宮富士淺間神社
富士昴線 P.43
Start! 山中湖IC

充滿薰衣草芬芳 河口湖畔名勝

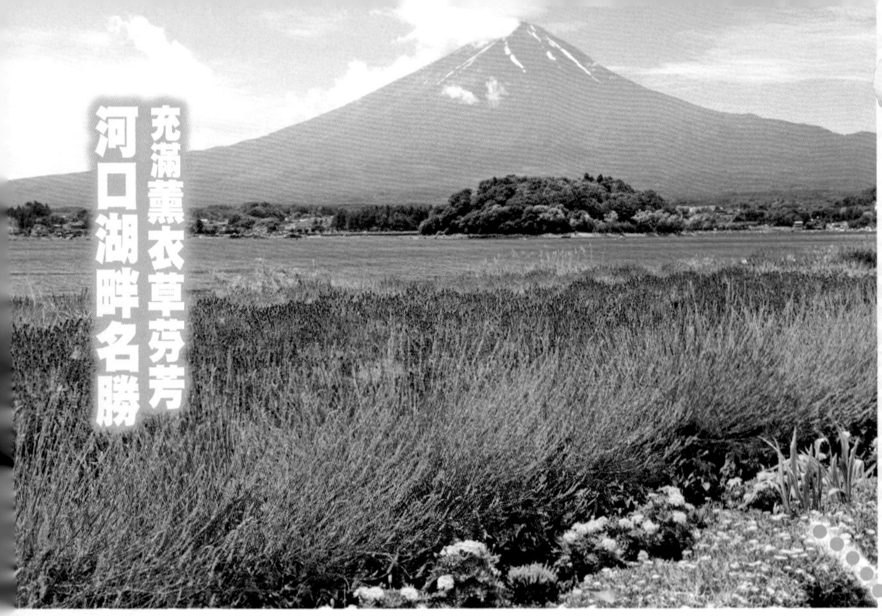

河口湖

5 大石公園

所需時間 30分～

★おおいしこうえん

位於河口湖北岸，隔著河口湖與富士山相望，天氣好時可在湖畔欣賞到逆富士。6月下旬到7月中旬可看到淡紫色薰衣草點綴湖畔。

☎0555-76-8230（河口湖自然生活館）
自由入園　休無休　所山梨県富士河口湖町大石2585　富士急行河口湖站搭河口湖周遊巴士27～32分，河口湖自然生活館下車即到　P40輛

MAP P.98 B-1

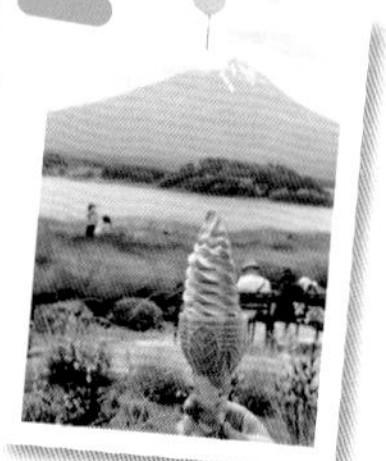

↑藍莓霜淇淋350日圓相當受歡迎

←河口湖觀光是必走行程之一

↑在開滿薰衣草的湖畔悠閒散步吧

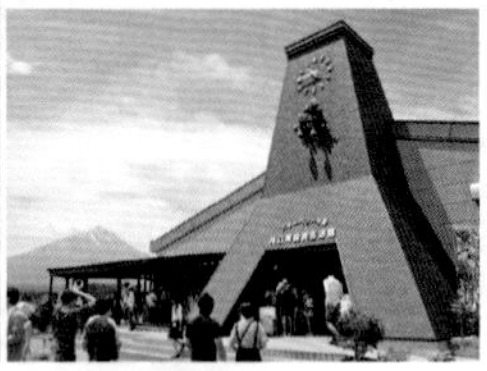

↑還有河口湖自然生活館，內部有咖啡廳和商店

本栖湖

6 本栖湖

所需時間 15分～

★もとすこ

本栖湖背倚富士山，並閃耀著琉璃色。千圓鈔上的圖案是在西岸拍到的風景。從湖畔停車場的登山道入口約莫走30分鐘，就可抵達絕佳拍照點中之倉峠觀景台。

☎0555-87-2518
（本栖湖觀光協會）
自由參觀　所山梨県富士河口湖町本栖　富士急行河口湖站搭往本栖湖方向的巴士47分，本栖湖休息站下車即到　P請使用附近停車場

MAP P.99 A-2

尋找千圓鈔上的那個富士山風光吧

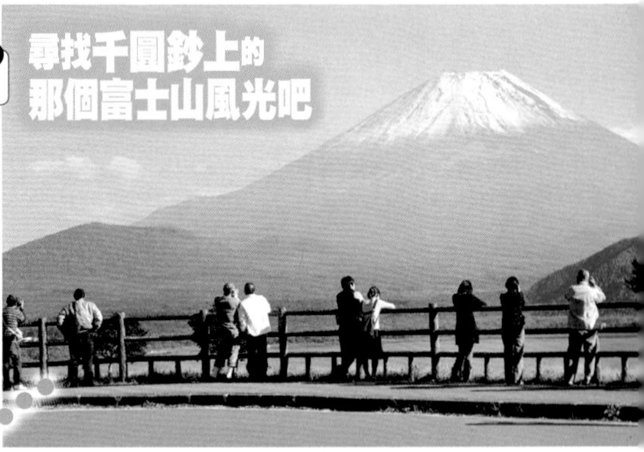

↑擁有自豪的121.6m水深，此深度在日本屈指可數

這裡也想去看看！

所需時間 15分～

本栖湖 從6步行30分

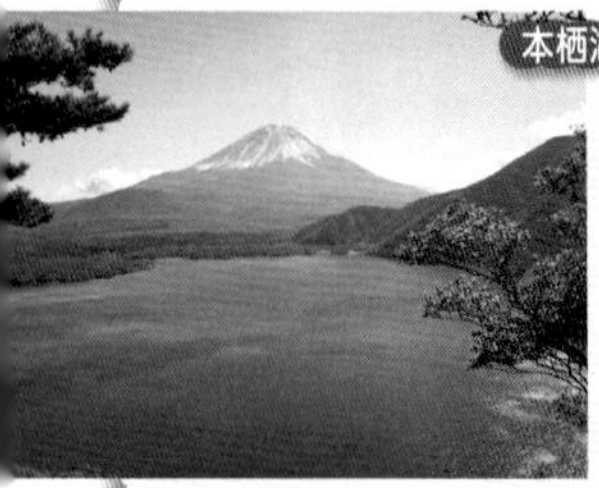

中之倉峠觀景台

★なかノくらとうげてんぼうち

千圓鈔上富士山美景的拍攝地點設置了觀景台！

攝影師岡田紅陽拍出千圓鈔富士美景的地點，於2016年增設了觀景台。

↑畢竟是登山路線，請著好裝備再前往

☎0556-62-1116（身延町觀光課）
自由參觀　所山梨県身延町中ノ倉川尻2926　富士急行河口湖站車程36分，登山道入口步行30分　P20輛

MAP P.99 A-1

在富士見露天溫泉享受療癒的片刻

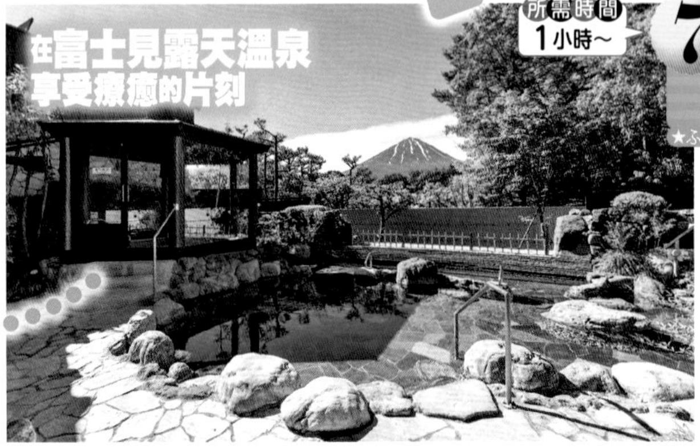

所需時間 1小時～

鳴澤

7 富士眺望之湯 YURARI

★ふじちょうぼうのゆゆらり

除了可眺望富士山的靈峰露天溫泉之外，還有全景溫泉、洞窟溫泉等等，這間不住宿溫泉有多種泡湯類型。可讓身體煥然一新的服務也多樣豐富。

→P.85

MAP P.99 C-1

←來此欣賞四季變化的富士山風情吧

伴手禮就選山梨產葡萄酒吧！

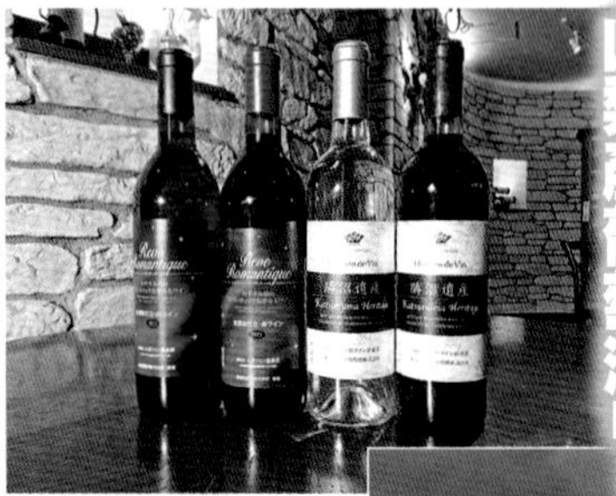

↑有勝沼遺產（紅、白，720ml）2700日圓等

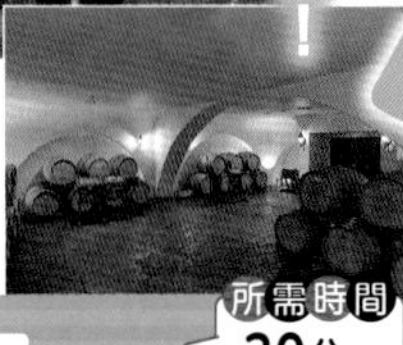

→儲藏室重現19世紀法國酒窖模樣

河口湖

8 赤富士ワインセラー

所需時間 30分～

★あかふじワインセラー

這裡的目標是向日本全國推廣山梨的美味葡萄酒，除了各式葡萄酒，也販售酒杯及周邊產品。也可以參觀酒窖及資料館。

☎0555-20-9222
9:00～17:30（18:00打烊，視時期而異）　休無休　¥免費入館、試喝　所山梨県富士河口湖町船津2020-1　富士急行河口湖站車程5分　P25輛

MAP P.99 A-2

這裡也想去看看！

所需時間 30分～

河口湖 從8開車即到

名物ほうとう不動 東戀路店

★めいぶつほうとうふどうひがしこいじてん

添加大量蔬菜的甲州鄉土料理

在此可品嘗到山梨名產餺飥。美味湯頭濃縮了蔬菜的精華，讓身體從裡頭暖和起來。

→P.72

MAP P.99 A-3

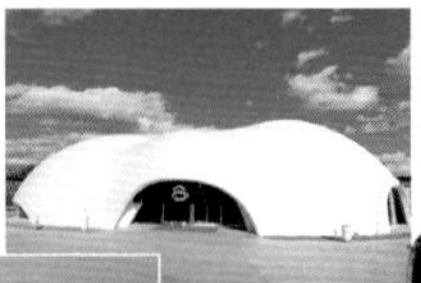

↑蓋成白雲形狀的建築物相當搶眼

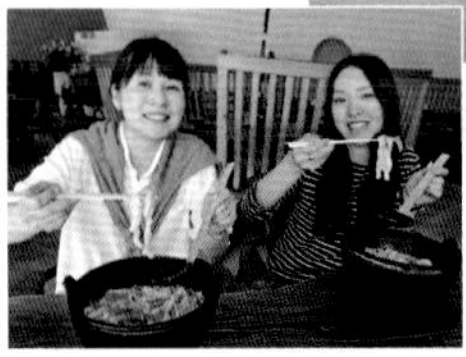

←直接就著熱騰騰的鐵鍋享用

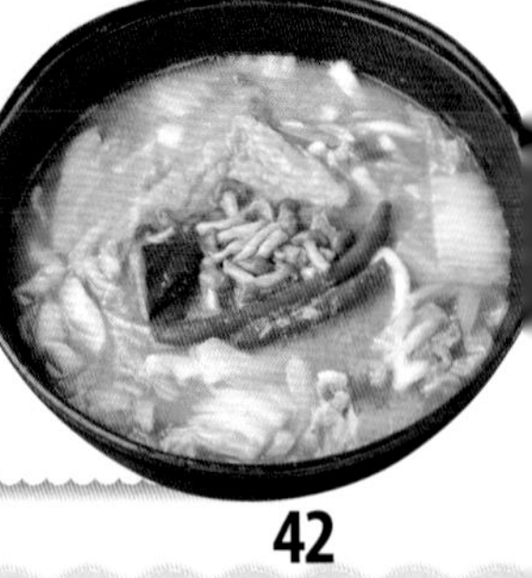

↘菜色就只有一種，不動餺飥1080日圓

富士山山麓導覽

自駕兜風

P.40 人氣景點

P.50 交通工具之旅

P.62 美食

P.70 伴手禮

P.82 溫泉不佳宿

P.84 佳宿

P.88

行程A
改道路線

車行時間
約**1**小時**30**分

車行距離
約**56**km

預算
約**4000**日圓

開車迅速抵達五合目！
富士昴線

右 想在富士山北麓自駕，建議可走富士昴線前往富士山五合目。在五合目可以看到壯闊的山勢，可在山麓的餐廳享用富士山造型美食，在飽覽絕景之後，或是到富士山世界遺產中心了解歷史與自然。

走富士山昴線
感受山岳兜風的快感！

自駕管制資訊！
請見P105

圍環附近有許多國內外觀光客熙來攘往

Start!
河口湖IC

所需時間
30分～

河口湖
② **SYLVANS**
★シルバンズ

雞蛋口感絕佳！
富士山造型美食

設置於啤酒釀造所·富士櫻高原麥酒內的餐廳，吃得到充分發揮當季食材美味的料理，人氣料理是以富士山為概念的蛋包飯。

↑淋上白醬的富士山蛋包飯1296日圓

MAP P.99 A-4
···▶73

鳴澤
① **富士昴線**
五合目
★ふじスバルラインごごうめ

所需時間
1小時～

標高2305m的
雲上度假勝地

來到世界遺產吉田口登山道入口，富士山頂就近在眼前。這裡有富士急雲上閣等休息站，許多登山者和觀光客造訪亦相當熱鬧。

MAP P.95 C-3

↑五合園休息站的富士山菠蘿麵包260日圓

↑興建於五合目的富士山小御嶽神社

↑許多可愛的富士山造型御守

河口湖
③ **山梨縣立富士山**
世界遺產中心
★やまなしけんりつふじさんせかいいさんセンター

所需時間
45分～

透過體驗型展覽
輕鬆了解富士山

以獨特的展覽傳達富士山的魅力。例如有表現四季變化的富士山模型，還有富士山信仰相關資料等的展示。

↑這個巨大模型「冨嶽三六○」為展覽重點

MAP P.99 A-3
···▶38

（是這樣的路線！）

富士昴線★ふじスバルライン

長約242km的兜風路線，從河口湖連接到富士山五合目。7～9月基本上是24小時通行（自駕管制期間除外）。其他季節將視營業時間或積雪、雨量等調整。為了保護富士山大自然及紓解交通阻塞，每年夏季會實施自駕管制。

☎0555-72-5244
（山梨縣道路公社富士山付費道路管理事務所）
休終年可通行（偶有禁止通行的狀況）、自駕管制期間禁止通行 ¥一般車輛來回2060日圓 所山梨縣富士河口湖町·富士吉田市·鳴澤村 所中央自動車道河口湖IC經由國道139號、縣道707號 P五合目停車場300輛、路邊停車場400輛
MAP P.94 D-2

河口湖

Start&Goal!
河口湖IC

西湖

③山梨縣立富士山
世界遺產中心

②SYLVANS

合目下停車場

樹海台停車場

奧庭

御庭

大澤停車場

①富士昴線
五合目

中央自動車道

大月JCT

富士吉田IC

收費站

Goal!
河口湖IC

欣賞壯麗富士山的同時
親近牧場動物

淺間神社總本宮
是富士山信仰聖地

所需時間 20分～

富士宮
1
富士山本宮 淺間大社
★ふじさんほんぐうせんげんたいしゃ

以富士山為信仰對象，日本全國共有1300間淺間神社的總本宮。正殿受指定為國家重要文化財，境內還有國家指定特別天然紀念物湧玉池。

☎0544-27-2002

✦德川家康於慶長9(1604)年興建的拜殿
✦過去富士講登山者除穢淨身的湧玉池

🕐5:00～20:00(關門)，11月～2月6:00～19:00，3、10月5:30～19:30
休無休 ¥免費參拜參觀 所靜岡縣富士宮市宮町1-1 🚃JR富士宮站步行10分 P150輛 MAP P.100 B-1

這裡也想去看看！

✦可以外帶到廣場長凳上慢慢享用

富士宮 從 **1** 車程2分

宮橫丁
★おみやよこちょう

所需時間 30分～

集合靜岡名產的休憩空間

在這個休憩空間裡，有販售富士宮炒麵、靜岡關東煮和富士山餃子等等的店家。還可以飲用富士山的湧泉。

☎0544-22-5341
(富士宮炒麵學會)

✦富士宮炒麵學會做的炒麵450日圓

🕐休因店鋪而異 所靜岡縣富士宮市宮町4-23 🚃JR富士宮站步行8分 P請利用富士宮神田川觀光停車場 MAP P.100 B-2

朝霧高原
2
馬飼野牧場
★まかいのぼくじょう

所需時間 40分～

在這牧場所見的富士山景色堪稱絕美，在體驗騎馬與擠牛奶的同時，還可與動物們近距離接觸，更有豐富的手作體驗，像是做奶油或是做起司等等。

⋯▶P59 MAP P.101 C-4

✦餐廳裡使用自產自銷食材的自助餐相當熱門

✦也有賣用新鮮牛奶製成的義式冰淇淋

行程 **B**

在寧靜悠閒的高原與動物相會
富士南麓 行程

美景與動物迎面而來
高原療癒兜風行

從 新富士IC出發，先到歷史悠久的富士山本宮淺間大社參拜。接著往朝霧高原，到馬飼野牧場欣賞富士山並與動物們來個親密接觸。再前進雄偉的白絲瀑布洗滌心靈，也別忘了富士野生動物園。在盡情玩耍之後，品嘗人氣美食。結尾就來個舒服的富士見溫泉。

行車時間 約**2**小時
行車距離 約**77**km
預算 約**6500**日圓

Goal!																Start!
東名高速道路御殿場IC	**8** 富士八景の湯	乙女停車場	**7** とらや工房	富士靈園	**6** れすとらん力亭	富士野生動物園	**5** 大淵笹場	**4** 白絲瀑布	田貫湖	**3** 馬飼野牧場	宮橫丁	**2** 富士山本宮淺間大社	**1** 新東名高速道路新富士IC			

5分·3km　即到·200m　5分·3km　5分·3km　24分·16km　大淵笹場　39分·26km　行程B改道路線！　5分·3km　21分·14km　12分·8km

44

富士山山麓導覽

自駕兜風

人氣景點 P.40

交通工具之旅 P.50

美食 P.62

伴手禮 P.70

溫泉不住宿 P.82

住宿 P.84

　　 P.88

這裡也想去看看！

朝霧高原 從 **2** 車程8分

田貫湖 ★たぬきこ

所需時間 **15分～**

眾所皆知的
鑽石富士之名勝

位在富士山西麓，適合騎自行車和登山。作為拍攝鑽石富士的極佳攝影點而相當熱門。

← 4、8月的20日前後可以看到雙鑽石富士

☎ 0544-27-5240（富士宮觀光協會）
自由參觀　所靜岡縣富士宮市佐折634-1　JR富士宮站搭往休暇村富士的巴士45分，終點站下車即到　P請利用田貫湖露營場南側停車場　**MAP P.101 B-3**

← 毛茸茸的羊咩咩實在太療癒

↑ 富士山融化的雪水從地層邊界流下

世界遺產的著名瀑布

自熔岩地層流出

← 白絲瀑布旁還有水量豐富的音止瀑布

所需時間 **30分～**

朝霧高原

3 白絲瀑布 ★しらいとノたき

從高20m、寬150m的彎曲峭壁流下的優美水流，簡直如絹絲般美麗。此處亦認定為世界遺產富士山的構成資產之一。

☎ 0544-27-5240（富士宮市觀光協會）
自由參觀　所靜岡縣富士宮市上井出　JR富士宮站搭往白糸の滝方向的巴士30分，白糸ノ滝觀光案內所前下車步行5分　P120輛　**MAP P.101 C-4**

接P.46

↑ 放牧羊群是每天早上舉辦的人氣活動
← 日本最大規模！1萬株Sun Patience®花田於2017年夏季誕生

這裡也想去看看！

← 春天會舉辦「新茶祭」等活動

富士市 從 **3** 車程30分

大淵笹場 ★おおぶちささば

所需時間 **15分～**

茶葉產地靜岡縣特有美景

一望無際的寧靜茶園對面就是富士山，此處可是人氣景點。賞景時切記遵守禮節，不要隨意進入茶園。

☎ 0545-35-0002
（大淵社區總體營造中心）
自由參觀　所靜岡縣富士市大淵　JR富士站車程30分　P2輛（活動時會有變動）　**MAP P.97 C-2**

富士南麓行程 MAP

本栖湖
田貫湖
1 富士宮口五合目
3 富士 花遊
富士靈園
大井松田IC
Goal! 御殿場IC
2 馬飼野牧場
富士山天際線 P.47
3 白絲瀑布
5 れすとらん力亭
2 森之站 富士山
1 富士山本宮淺間大社
6 とらや工房
御殿場JCT
宮橫丁
Start! 新富士IC
4 富士野生動物園
7 乙女停車場
裾野IC
大淵笹場
8 富士八景の湯
新清水IC
新東名高速道路
駿河灣沼津SA
長泉沼津IC
新清水IC
清水IC
富士IC
東名高速道路
沼津IC
愛鷹PA

以富士山為背景
邂逅野生動物

所需時間 1小時～

裾野

4 富士野生動物園

★ふじサファリパーク

這座公園設立於海拔850m的富士山麓大自然中。可以自駕或搭巴士逛園區，並近距離接觸野生動物們，還有可以親近小動物的區域，遊玩方式豐富多樣。

→P.60

MAP P.96 D-2

↑只有夏天才舉辦的人氣活動「水中大象」

↑繞行園區的叢林巴士上還有導覽解說
←在步行遊獵中挑戰餵食獅子

↑富士山山麓集結了許多來自世界各地的動物

這裡也想去看看！

小山 從5車程15分

富士靈園
★ふじれいえん

所需時間 15分～

充滿夢幻美櫻的療癒公園墓地

大約213m²的園區內種滿染井吉野櫻和杜鵑，在這個賞花名勝，4月可賞櫻，5月看杜鵑，秋天則有楓紅。

↑入選日本櫻花名勝百選

☎0550-78-0311
⏰9:00～16:30（閉園）
休週三（逢假日則翌日休）
￥免費
所靜岡縣小山町大御神888-2
🚃JR駿河小山站搭往富士靈園的巴士25分，終點站下車即到（平日有免費巴士）
🅿300輛

MAP P.94 E-3

使用生長於御殿場的金華豬的菜色豐富

御殿場

所需時間 45分～

5 れすとらん力亭
★れすとらんちからてい

創立於昭和54（1979）年。經銷御殿場產金華豬的店家，帶骨金華豬小腿肉為其人氣餐點。很多觀光客為了金華豬漢堡肉1340日圓、富士山水菜咖哩980日圓來訪。

☎0550-83-0362
⏰11:30～13:00、17:00～20:00
休週一
所靜岡縣御殿場市東田中865
🚃JR御殿場站步行5分
🅿6輛

MAP P.100 B-3

強力推薦！
燉金華豬小腿肉 2040日圓

在醬汁中燉煮5小時的小腿肉，潤澤而柔軟。很受歡迎建議要預約

↑店裡是榻榻米座位，可伸腳舒展休息

在盎然綠意下品嘗手作和菓子

盎然竹林，十分清幽
→工房境內還有整片的

御殿場

所需時間 30分～

6 とらや工房
★とらやこうぼう

和菓子老店「とらや」帶著重現和菓子店初心的想法創立，還可讓民眾參觀製作過程。來杯茶搭配銅鑼燒等糕點小歇片刻吧。

☎0550-81-2233
⏰10:00～18:00（10～3月～17:00）
休週二（逢假日則翌日休）
所靜岡縣御殿場市東山1022-1
🚃JR御殿場站車程15分
🅿40輛

MAP P.100 C-4

↑使用產自御殿場的櫻花雞蛋製作銅鑼燒（附煎茶）540日圓（未稅）

自駕遊客休息
停車場有洗手間方便

幸福鐘聲迴盪於人氣賞景點

所需時間 15分～

御殿場

7 乙女停車場
★おとめちゅうしゃじょう

這停車場處在欣賞富士山的絕佳位置，據傳裡面的鐘若敲響一次可得健康和家庭圓滿，兩次則開運，三次可帶來良緣。

☎0550-82-4622
（御殿場市觀光交流課）
⏰自由參觀
所靜岡縣御殿場市深沢2211-1
🚃JR御殿場站車程8分
🅿30輛

MAP P.100 C-4

↑發出美麗聲響的Happy Call Bell

御殿場

8 富士八景の湯
★ふじはっけいのゆ

在富士見泡湯掃除旅途的疲憊

這間溫泉以可遠眺富士山的露天大溫泉為著名。欣賞靈峰富士的壯麗同時，享受百分百源泉放流溫泉，感受奢華泡湯氛圍。

→P.86

MAP P.100 C-4

所需時間 45分～

↑正對富士山的露天溫泉視野極佳

富士山山麓導覽

自駕兜風

人氣景點 P.40

交通工具之旅 P.50

美食 P.62

伴手禮 P.70

溫泉不住宿 P.82

住宿 P.84

P.88

行程B
改道路線

走行時間 約1小時20分

走行距離 約54km

予算 約3000日圓

自駕管制資訊！
請見P105

富士山天際線入選
日本道路百選

一口氣來到五合目吧！
富士山天際線

Start!
篠坂交叉路口

仰望富士遠眺雲海 爽快的山岳兜風行

富士宮市篠坂交叉路口走富士山天際線，前往海拔2400m的富士宮口五合目。盡情飽覽雲海與駿河灣景致。沿天際線下行，到森之站富士山欣賞寶永火山口，或到富士花遊看看療癒的花田吧。

1 富士宮 富士宮口五合目
★ふじのみやぐちごごうめ

所需時間 30分～

開車所能抵達的富士山最高處

擁有美景的此處為富士山天際線終點，還有免費停車場和伴手禮店。海拔2400m，為富士山攻頂最短路徑的富士宮口登山路線起點。

MAP P.97 C-1

⤴ 首位登上富士山頂的外國人為阿禮國爵士，此為其浮雕

⤵ 富士宮口五合目休息站裡有餐飲處和販賣部

⤴ 滿滿山產的山菜定食1500日圓

⤵ 建築物打造整片玻璃帷幕，讓遊客邊欣賞富士山邊休息

3 裾野 富士花遊
★ふじはなめぐりのさと

所需時間 45分～

⤵ 繽紛的百日草點綴著富士山

富士山與花田交織的綿延美景

位於富士山二合目，從夏天到秋天都可搭車遊覽百日草等花田。2017年重新整修，期待更多景緻登場。

☎ 055-998-2020

🕐 7月22日～10月9日9:00～17:00（視開花狀況而異） ¥門票550日圓 所靜岡縣裾野市須山字藤原2428 🚌JR御殿場站搭往遊園地ぐりんぱ的巴士60分，在花めぐりの里下車即到 🅿100輛

MAP P.96 D-1 ➡ **Goal!** 十里木交叉路口

（是這樣的路線！）

富士山天際線
★ふじさん スカイライン

富士山天際線是富士宮市區接縣道180號，及御殿場市區接縣道23號、152號，全長34.5km的道路總稱。連接富士宮市與御殿場市的區間為「周遊區間」，富士山二合目到五合目的區間為「登山區間」。登山區間在夏季有自駕管制需多加留心。

☎ 0544-27-5240（富士宮市觀光協會）

🕐 4月下旬～11月中旬（夏季登山季實施自駕管制，禁止通行） ¥免費 所靜岡縣富士宮市粟倉 🚗新東名快速道路新富士IC車程50分 🅿350輛（五合目停車場）

MAP P.97 C-1

2 裾野 森之站 富士山
★もりのえきふじさん

所需時間 20分～

海拔1450m！寶永火山口近在眼前

森之站就在水塚停車場裡，於2016年開幕。有可品嘗在地特產的餐廳，還有販售富士山相關紀念品的店家，2樓則是觀景區。

☎ 055-998-0085

🕐 9:00～17:00（視時期而異） 休不定休 所靜岡縣裾野市須山淺木地內 🚌JR御殿場站車程50分 🅿1000輛

MAP P.96 D-1

※行程B的改道路線可走南富士常線線510日圓

行程 **C** 沿海名勝巡禮 駿河灣行程

松林與富士風光交織出的優美名勝

所需時間 **30分～**

3 清水 三保松原
★みほのまつばら

長達7km的海岸線上有3萬棵松樹連綿，相傳仙女將羽衣掛在上頭的「羽衣之松」也在其中。為日本新三景、日本三大松原之一。

☎054-221-1310
（靜岡市觀光交流課）
L自由參觀 **所**靜岡縣靜岡市清水區三保 **交**JR清水站搭往東海大學三保方向的巴士23分，三保松原入口下車，步行10分 **P**200輛 **MAP** P.101 C-2

↑附近立有傳說相關銅像

↑御穗神社所供奉的對象「羽衣之松」

駿河灣盡收眼底 同時優雅空中漫步
以轎子為概念打造的空中纜車

日本平
所需時間 **10分～**

1 日本平空中纜車
★日本平ロープウェー

連結日本平山頂與國寶久能山東照宮的空中纜車。約5分鐘的空中之旅彷彿搭乘時光機回到過去。還能飽覽駿河灣、伊豆半島到御前崎的明媚風光。

☎054-334-2026
L9:10～17:15（視時期而異） **休**無休（氣候惡劣、設備更新時停駛） **¥**來回1000日圓 **所**靜岡縣靜岡市清水區草薙597-8 **交**JR靜岡站搭往日本平的巴士40分，終點站下車即到 **P**66輛 **MAP** P.101 C-2

↑日本平站附近有可欣賞富士山的觀景台

徳川家康長眠之地 展現建築之美的神社

所需時間 **30分～**

日本平
2 久能山東照宮
★くのうざんとうしょうぐう

興建時期早於日光，為供奉德川家康之神社。2001～2009年大整修，將建造當時的狀態幾乎原原本本保留下來。社殿是靜岡縣內唯一國寶建築物。

☎054-237-2438
L9:00～16:50（17:00閉館，視時期而異） **休**無休 **¥**社殿500日圓，博物館400日圓，社殿、博物館共通券800日圓 **所**靜岡縣靜岡市駿河區根古屋390 **交**JR靜岡站搭往日本平方向的巴士40分，終點站轉搭日本平空中纜車5分，下車即到 **P**200輛（日本平空中纜車停車場） **MAP** P.101 C-2

↑埋葬德川家康遺骸的神廟

↑複合型社殿的建築樣式為權現造內有正殿、石間、拜殿

↑牌樓掛有後水尾天皇的親筆匾額

沿著日本平及駿河灣的富士見自駕兜風

從靜岡IC出來後，首先前往可賞美景的日本平山頂。在該處搭乘纜車，前往與德川家康相關的久能山東照宮。參拜後到三保松原，飽覽由松樹與富士山交織的美景。也可以順道前往位在由比的東海道廣重美術館，並沿著駿河灣往東邁進。最後到有清水湧現的柿田川公園散步，為旅途畫下完美句點。

行車時間 約 **2**小時 **15**分
行車距離 約 **87** km
預算 約 **5500** 日圓

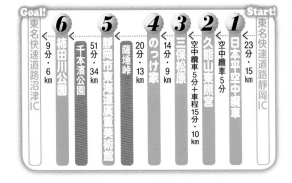

48

富士山山麓導覽

自駕兜風

P.40 人氣景點

P.50 之旅 交通工具

P.62 美食

P.70 伴手禮

P.82 溫泉 不住宿

P.84 住宿

P.88

這裡也想去看看！

清水 從 4 車程12分

薩埵峠 ★さったとうげ

所需時間 20分～

歌川廣重曾描畫過
瞭望駿河灣的東海道第一美景

駿河灣與山峰緊鄰，為東海道數一數二的險峻地勢。開車前往時需注意道路狹窄，多加小心。

☎054-221-1310
（靜岡縣觀光交流課）
⌚自由參觀 🏠靜岡縣靜岡市清水區由比西倉沢 🚃JR由比站車程10分 Ｐ10輛
MAP P.101 C-1

→在停車場到觀景台的路上，可以欣賞四季變化的美景

品嘗鮮度極佳的
鮪魚！

←選用稀少部位的鮪魚頭肉特選三色丼2700日圓

所需時間 30分～

清水

4 のっけ家 ★のっけや

此間海鮮丼專賣店的食材以來自清水和燒津的鮪魚為主。由於店家本身是鮪魚批發業者，鮮魚品質及滋味皆屬上乘。每樣餐點的價格都十分公道。

☎054-355-5077
⌚9:30～17:30
休準同河岸市場公休日 🏠靜岡縣靜岡市清水區島崎146 河岸の市 🚃JR清水站步行5分 Ｐ200輛
MAP P.101 A-1

隔著駿河灣所見的富士山深具氣勢

→店家位在「清水魚市場 河館の市 いちば館」裡

清水

所需時間 45分～

5 靜岡市東海道廣重美術館 ★しずおかしとうかいどうひろしげびじゅつかん

包括「東海道五拾三次之內 由井」（保永堂版）在內，館內收藏以歌川廣重浮世繪為主的近1400幅作品。每月替換展覽作品，並舉辦各種豐富展覽讓遊客得以一飽浮世繪之美。

☎054-375-4454
⌚9:00～16:30 (17:00閉館)
休週一 ¥510日圓 🏠靜岡縣靜岡市清水區由比297-1 🚃JR由比站車程5分 Ｐ21輛
MAP P.97 A-4

尋找歌川廣重所見到的東海道美景

↑還有世界上僅有幾幅的珍貴作品

→清流與林木交織出一片美麗的景色

在湧水風景與盎然綠意中療癒身心

所需時間 20分～

清水

6 柿田川公園 ★かきたがわこうえん

柿田川全長1.2km，清澈的河水都是從園區散見的湧出點冒出。有完善的散步路徑可逛遍湧水口等景點。

☎055-981-8224
（清水町都市計畫課）
⌚自由參觀 🏠靜岡縣清水町伏見72-1 🚃JR三島站經SUN TO MOON往沼津商業高校車程14分，柿田川湧水公園前下車即到 Ｐ50輛
MAP P.96 E-4

←可以從第二觀景台看到這個湧出點

這裡也想去看看！

沼津 從 5 車程47分

千本濱公園 ★せんぼんはまこうえん

所需時間 20分～

黑松林與富士山交織
演繹出絕美名勝景點

公園自然景觀豐富，據傳由增譽上人栽種的黑松則綿延海岸線。為眾人所熟知的東海道第一風景名勝。

☎055-934-4795
（沼津市綠地公園課）
⌚自由參觀 🏠靜岡縣沼津市本字千本1901-1 🚃JR沼津站搭往沼津港的巴士10分，千本松公園下車即到 (6:00～21:00) Ｐ110輛
MAP P.101 A-3

↑入選白砂青松百選的絕美景點
提供：沼津市

駿河灣 行程 MAP

伊豆半島

[地圖標示]
富士川SA
富士站
新富士站
東海道新幹線
駿河灣沼津SA 新東名高速道路
御殿場JCT
長泉沼津IC
御殿場IC
新清水IC
富士由比BY PASS
Goal! 沼津IC
東海道本線
沼津站
千本濱公園
5 靜岡市東海道廣重美術館
6 柿田川公園
新清水JCT
薩埵峠
新靜岡IC
清水庵原IC
清水JCT
清水IC
駿河灣
4 のっけ家
清水站
靜清BY PASS
東名高速道路
日本平 Parkway
靜岡站
3 三保松原
1 日本平空中纜車
Start! 靜岡IC
2 久能山東照宮
燒津IC

人氣景點導覽

飽享山麓的休閒景點！

在日本第一高峰富士山的山腳下，有許多能感受自然並享樂的休閒景點！在這裡確認一下人氣景點的魅力吧！

雙腳不著地的浮游感！

可用絕叫優先券

Eejanaika

全長	1153m
最高頂點	76m
最高時速	126km/h
所需時間	約2分30秒
最大落下角度	89度
費用	1000日圓
使用限制	年齡10～60歲、身高130～200cm

MAX! 總旋轉數 14次

旋轉次數包括座位7次、軌道畫圈2次、軌道扭轉5次。3種迴轉要素與雙腳不著地的驚嚇世界正等著你來挑戰。

總計旋轉14次榮登金氏世界紀錄。乘坐時有辦法計算嗎!?

Eejanaika
紅戰士

歡欣雀躍
心跳加速！
更加有趣！

富士急Q樂園
徹底攻略導覽

從尖叫系到最新的人氣遊樂設施，大人小孩都能享受的超好玩主題樂園。連鄰近的設施也一起介紹！

遊樂設施

落下角度、速度、旋轉數、長度＆高度，每一項都是最高等級的遊樂設施。也能一邊欣賞富士山風景，一邊挑戰尖叫體驗！

衝擊度
MAX! 全長 2045m 最高點 79m

你知道嗎!?

絕叫優先券

可直接搭乘高飛車與DODODONPA等九項人氣設施，不用排隊。每1小時有指定的時間，費用為一遊樂設施加收1000日圓。※售完為止

可用絕叫優先券

搭乘人數合計突破2000萬人！

FUJIYAMA

富士急樂園

ふじきゅうハイランド
☎0555-23-2111
⏰9:00～17:00（視時期而異） 休不定休（3、8、9月無休）¥入園費大人、國高中生1500日圓、3歲～國小生900日圓、2歲以下免費；通行護照大人5700日圓、國高中生5200日圓、3歲～國小生4300日圓 所山梨縣富士吉田市新西原5-6-1 富士急行富士急樂園站即到 P5000輛（收費）HPhttp://www.fujiq.jp/

MAP P.99 B-3

全長	2045m
最高頂點	79m
最高時速	130km/h
所需時間	約3分36秒
最大落下角度	65度
費用	1000日圓
使用限制	年齡～62歲、身高120cm～（※國小2年級以下需要國中生以上的監護人陪同）

富士山腳下的知名雲霄飛車。包含最大落差70m，還有長度、高度、速度的黃金平衡，正是「雲霄飛車之王」！

過了第一個落差後別錯過看富士山！

富士山
藍戰士

FVP
經過高度79m的落差後，右手方向可以看見完整的富士山與山腳下的原野。

↑還有世界上獨有幸福的珍貴作品

隨性地告訴你遊樂設施的攻略重點！
絕叫戰隊HighLander！

這是在富士急樂園登場的知名吉祥物。正義英雄"風"的戰隊戰士，有各自負責的遊樂設施……招牌標語是「別以為我們是正義的夥伴!?」究竟是怎麼回事？請在現場查明他們的真面目。

也要Check FVP！

FVP意思是富士山風景的景點。從雲霄飛車上看見的富士山，視野完全不受遮蔽是超絕佳的風景！每樣設施各有絕佳的FVP，千萬別錯過了！

全 長	1004m
最高頂點	43m
最高時速	100km/h
所需時間	約2分40秒
最大落下角度	121度
費 用	1000日圓
使用限制	年齡10～60歲、身長130cm～

來體驗垂直往上再全力衝刺121度的最大落下角度吧！即將落下前暫時停止的時刻尤其令人害怕。旋轉與最高時速也令心跳數UP♪

高飛車

宛如深挖的降落令人喘不過氣的7次旋轉！

可用 絕叫優先券

衝擊度 MAX! 最大落下角度 **121度**

在最大傾斜之前把翅膀翻轉過來固定吧！

●月球大輪盤 綠戰士

在搭乘紀念照擺出不輸給任何人的招牌動作！

●高飛車 金色戰士

衝擊度 MAX!

尖叫

FVP
⬅ 從垂直塔到121度落下之前，是園內第一的FVP！

在離地32m處上下交互轉動翅膀，機體就會如鐘擺般旋轉。一旦開始旋轉就會轉來轉去連續激烈旋轉停不下來！

全 長	39m
最高頂點	32m
最高時速	40km/h
所需時間	約3分
費 用	800日圓
使用限制	年齡～60歲、身長130cm～

2016年7月開放！

可用 絕叫優先券

可以自己操控的連續旋轉設施！
Tentekomai

衝擊度 MAX! 最高速度 **180km/h**

體驗利用壓縮空氣的力量產生的加速力吧！

●DODONPA 粉紅戰士

可用 絕叫優先券

FVP
⬅ 從新設的繞圈軌道可以眺望到怎樣的絕景呢!?

1.8秒就加速到最高速！
DODODONPA

2017年7月開放！

全 長	1244m
最高頂點	49m
繞圈直徑	39.7m
最高時速	180km/h
所需時間	約1分20秒
費 用	1000日圓
使用限制	年齡10歲～64歲、身長130cm～

從出發開始加速，1.8秒就到達最高速的急速發展！爆發性的加速力由世界最大的繞圈軌道承接。是喜歡速度感的人迫不及待的設施。

※ 以上為2017年6月的資訊，7月以後可能變更

NEW!

「進撃的巨人 THE RIDE ～托洛斯特區奪還戰～」

人氣動畫《進撃的巨人》的原創影片於富士飛行社在日本第一次上映。至2018年5月6日為止的限定期間，可以搭乘設施觀看對抗巨人們的場面等，體驗充滿臨場感的世界觀。旁邊也設有可以購買原創商品的「兵團販賣部」。

必看POINT

美妙的音樂為久石讓所作

久石讓為這個遊樂設施譜寫的旋律，與富士山的影像同步播放。一定會帶給你印象深刻的感動體驗。

令人驚嘆的真實臨場感

體驗飛越樹海、湖泊、火山口、芝櫻等上空的感受。花香與吹過的風等等各式各樣的裝置，也讓臨場感不同凡響。

從天空眺望！驚心動魄的富士山

在巨大銀幕上放映四季空拍的富士山。坐在會移動座位上觀看影像，可以欣賞飛越富士山上空的新感覺絕景，體驗浮游的樂趣。雨天和陰天也能邂逅只有此處才有的美麗富士山！

所需時間	約7分15秒
名　額	40名
費　用	1000日圓
使用限制	年齡4歲～、身高110cm～

可用絕叫優先券

未來感的絕景虛擬實境！

富士飛行社
●ふじひこうしゃ

✦夢境與現實交錯！✦

超真實體驗

這裡可以親身體驗一般生活中絕對體驗不到、非日常生活的夢境世界。一次體驗浪漫、嚴肅、恐怖的滋味吧！

所需時間	約50分～
步行距離	900m
費　用	500日圓（不可用通行護照）
使用限制	國小生～（※國小生需要國中生以上的監護人陪同）

絕"凶"的恐怖體驗

可用絕叫優先券

絕凶・戰慄迷宮
●ぜっきょうせんりつめいきゅう

在充滿悲劇的醫院裡有史以來最恐怖

所需時間約50分，是史上最長距離的鬼屋。增加「黑暗通道」與「巨大人體實驗室」，以聲音、濕度、氣味等五感刺激，體會本能的恐怖體驗。

攻略POINT

踏出勇敢的一步

瀰漫著消毒水的氣味，手術台也維持原樣，醫院裡是被封印的禁制區域。踏入一步的結局是⋯⋯。

甩開亡靈

也有人會在黑暗的醫院大樓中嚇得無法前進。可是亡靈卻接連追了上來⋯⋯恐懼感MAX！

直視真相吧

直視重覆人體實驗的迷宮歷史，繼續往前走。往史上最大規模的最終房間「巨大人體實驗室」前進吧。

潛入要塞完成任務！

令許多挑戰者絕望的要塞，任務主題已從「逃脫」改為「潛入」。躲過陷阱潛入其中，奪取存放機密資料的黑盒子。來攻陷要塞吧！

所需時間	約20分～
名　額	180名
費　用	800日圓
使用限制	國小生～（※國小生需要國中生以上的監護人陪同）

可用絕叫優先券

潛入成功率 1/1,000,000人!?

絕望要塞2
●ぜつぼうようさいツー

攻略POINT

ID複製

首先要破解要塞內的密碼，找出ID發行機。把偽造ID卡蓋在發行機上，複製要塞成員的ID！

注意監視器

要塞內部設置了無數的攝影機。被攝影機拍到就會讓專用背心上的感應器起反應而強制退場。請謹慎小心地突破！

繼續任務

在要塞裡必須接下無數的任務。請發揮特務的本領，臨機應變突破每個階段任務吧。

富士山山麓導覽

自駕兜風 P.40

人氣景點 P.50

交通工具之旅 P.62

美食 P.70

伴手禮 P.82

溫泉不住宿 P.84

住宿 P.88

「湯瑪士小火車」的主題樂園
THOMAS LAND

彷彿進入「湯瑪士小火車」世界的THOMAS LAND！充滿小小孩也能玩的遊樂設施，也有豐富的咖啡廳與拍照攝影景點等。

湯瑪士與帕西的列車旅行　300日圓

搭乘湯瑪士、帕西，以及詹姆士牽引的客車，在索多島出發探險！還可以遇見許多愉快的夥伴。

立體迷宮 湯瑪斯馬戲團　200日圓

蒐集湯瑪士和其他夥伴的蓋章，朝著迷宮的頂點前進！3層樓的迷宮路線共有2種。

搖搖晃晃 大冒險！　300日圓

乘坐貨車繞行索多島，來一場愉快的派對遊行。裡面也可以拍紀念照，照片可用500日圓購買。

3歲以上就能和大人一起搭乘的迷你雲霄飛車。來挑戰搭電車奔馳空中的興奮體驗！

搖滾鄧肯小飛車　200日圓

快樂空中飛車　200日圓

搭乘直升機哈洛，享受輕飄飄的空中之旅。可以按下駕駛座的開關，試著讓哈洛上下移動。

如果想體驗更多湯瑪士!!

～兒童可以體驗當司機！～

THOMAS LAND號　鐵路（富士急行）

除了附操作桿與儀器類的兒童駕駛台以外，也有「湯瑪士、帕西座椅」，可以體驗當司機的感覺！

☎0555-22-7133
（富士急行富士山站）
￥大月站～富士急樂園站大人1080日圓、6～未滿12歲540日圓

～搭乘湯瑪士巴士到富士急樂園～

THOMAS LAND快車

湯瑪士圖樣的快速巴士。圖案有2種，行駛於新宿～山中湖間。

☎0555-73-8181
（富士急預約中心）
￥新宿快速巴士總站～富士急樂園1750日圓

高速巴士

～睡覺時也要和湯瑪士在一起～

湯瑪士主題房

共有7間內有湯瑪士與其他夥伴的房間。令人想一住再住！

☎0555-22-1000
（富士急樂園度假飯店&溫泉）
￥湯瑪士主題房1泊1室平日47000日圓～

富士急樂園度假飯店&溫泉

GO!GO! 布斯卓　200日圓

搭乘在港口工作的布斯卓的遊樂設施。擺盪的動作，可以享受宛如被波浪搖晃的感覺！

湯瑪士餐廳

2017年開幕，可以遇見湯瑪士的餐廳。快樂享用與湯瑪士有關的餐點。

↑湯瑪士餐盤的「湯瑪士豪華拼盤」2000日圓

GO!GO! 布斯卓

克蘭奇起降機

搖滾鄧肯小飛車
快樂空中飛車

湯瑪士樂園3D劇場

立體迷宮 湯瑪斯馬戲團

大家來旋轉

湯瑪士餐廳

帕西大模型

湯瑪士大模型

湯瑪士與帕西的列車旅行

搖搖晃晃 大冒險！

驚險水上飛船

飽享宛如繪本的世界！

免費入園遊玩

麗莎與卡斯柏小鎮
La ville de Gaspard et Lisa

誕生於法國的人氣角色「麗莎和卡斯柏」主題樂園。
可以製作世界上獨一無二伴手禮的工作坊也引人注目！

沉浸在可愛的繪本世界

這個區域重現了法國的繪本角色「麗莎和卡斯柏」居住的巴黎街景。咖啡廳與商店櫛比鱗次的空間療癒人心。特別推薦可以製作原創商品的工作坊，以及能夠瞭望富士山絕景的茶館！

麗莎與卡斯柏小鎮

☎0555-23-2111
🕐8:30～17:30（閉園時間視時期而異）
休不定休　¥入園免費（遊樂設施費用另計，可使用富士急樂園的通行護照）
所山梨縣富士吉田市新西原5-6-1　🚃富士急行富士急樂園站步行15分　P23輛（收費）

MAP P.99 B-3

週六、日以及假日會舉行麗莎和卡斯柏的迎賓會

什麼是麗莎和卡斯柏？

主角是白身體圍著紅圍巾的女孩麗莎，以及黑身體圍著藍圍巾的男孩卡斯柏。他們住在巴黎，不是狗也不是兔子，此繪本作品描繪他們友好的日常生活。

➡誕生於法國的人氣繪本角色。因為很可愛也有許多大人粉絲

Les Rêves Salon de Thé

店裡宛如巴黎的劇院，可以望見富士山&艾菲爾鐵塔，是道地的茶館。

※擁有絕景的茶館

※宛如巴黎的街景！

Café Brioche

在時尚氣氛的咖啡廳，能夠吃到麵包師傅製作的剛出爐麵包。晴天的日子也推薦坐露天雅座

精品店

店裡有許多麗莎和卡斯柏的商品！也陳列了這商店限定品與時尚雜貨。找找喜歡的東西吧

※浪漫的美麗風景

下午茶套餐
1人2500日圓

➡享用西點師傅特製的甜點搭配講究的紅茶，度過優雅的飲茶時間（圖為2人份）

麗莎與卡斯柏可麗餅
600日圓

➡以麗莎與卡斯柏造型的巧克力、草莓、奇異果等等做配料的可麗餅

番茄燉煮雞肉橄欖拼盤
1200日圓

➡番茄的酸味與雞肉的甜味很相配，午餐的推薦菜色

利用費用 **400日圓**

艾菲爾鐵塔旋轉木馬

優雅的旋轉木馬有2層，可以從上層眺望園內的景色。背景是約二十五分之一尺寸的艾菲爾鐵塔，來飽享巴黎的氣氛吧

50萬顆霓彩燈飾

夜晚的小鎮點燈後非常浪漫。也很推薦約會來看每年冬季的聖誕節霓彩燈飾

必看POINT

找出作者Georg的親筆插畫吧！

Les Rêves Salon de Thé店裡有作者Georg Hallensleben親筆畫的插畫！來找找看吧。

遊玩後來放鬆一下！

美肌溫泉♪
富含偏硅酸可以促進皮膚新陳代謝。讓你泡出光滑的雞蛋肌！

毗鄰富士急樂園、麗莎與卡斯柏小鎮
FUJIYAMA溫泉
◎ふじやまおんせん

日 本規模最大的純木造浴室，可以享受優質的溫泉。溫泉含有大量號稱美肌之源的偏硅酸，入浴後滋潤又細緻的肌膚大受好評。

☎0555-22-1126
🕙10:00～22:00（23:00閉館）
休無休（有維護休息）
¥大人1400日圓、3歲～國小生700日圓、2歲以下免費（週六、日、假日、過年期間、黃金週、夏季時大人1700日圓、3歲～國小生850日圓）
🚌山梨縣富士吉田市新西原4-17-1
🚐富士急行富士山站搭乘免費接駁巴士5分 🅿157輛 🆔http://www.fujiyamaonsen.jp/
MAP P.99 B-3 ◎同時CheckP.85!!

※製作原創商品
NEW!

麗莎與卡斯柏的工作坊
可以自己製作活用麗莎和卡斯柏設計的5種原創商品，體驗工作坊登場！

組合乾燥花 **45分～1600日圓～**
◎使用高溫的黏合劑製作花圈。附麗莎或卡斯柏玩偶

芳香噴霧 **30分1500日圓**
◎以繪本的場景為意象。可以參考香氣的製作方法並混合

果凍蠟燭 **20分1200日圓～**
◎在玻璃容器中製作的蠟燭。也可以選擇麗莎和卡斯柏的玻璃工藝品

※可愛的伴手禮！

富士山餅乾風格BOX **各790日圓**
◎附可愛盒子的餅乾，非常適合當作伴手禮♪

富士山餅乾 **1片130日圓～**
◎講究使用富士山的蜂蜜等素材製成的餅乾。原味130日圓、巧克力140日圓

Patisserie
用店裡附設的廚房烘烤而成的鬆脆原創餅乾很有魅力。有麗莎和卡斯柏，以及富士山等造型，每一種都讓人想買回家。

如果想慢慢地玩！

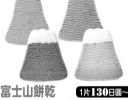

度過美食與絕景的奢侈時光
富士急樂園度假飯店&溫泉

建 於富士急樂園旁的官方飯店。客房有樂園景觀、富士山景觀，適合家庭，以及湯瑪士風格等房型。除了日西合一的道地餐廳，也有咖啡廳、卡拉OK，滿足你全方位的需求！

☎0555-22-1000
🕙入住15:00、退房12:00 休無休 ¥房型費用:單人房13000日圓～、雙床房23000日圓～、雙人房23000日圓～ ＊12歲以上另收入湯稅150日圓 🚌山梨縣富士吉田市新西原5-6-1
🚐快速巴士富士急ハイランド巴士站下車即到
🅿180輛（30分500日圓～住宿飯店者免費）
🆔http://www.highlandresort.co.jp/
◎同時CheckP.90!!
MAP P.99 B-3

◎「富士山露臺」的自助餐菜色豐富也很受歡迎！

FUJIYAMA SKY BALCONY
穿上安全裝置，從高出地面約50m的屋頂眺望富士山的遊樂設施。來體驗驚險刺激與絕景吧！

有用小知識1
FUJIYAMA溫泉的免費入浴
附設的FUJIYAMA溫泉可以免費使用。也有住宿者用的包租浴池（45分收費）

有用小知識2
富士急樂園優先入園！
住宿者可獲得富士急樂園的入園券＋開園30分鐘前的優先入園權！

富士急樂園度假飯店&溫泉內的
麗莎和卡斯柏景點！

如實重現繪本的世界！
『麗莎與卡斯柏』之家
客房
客房重現麗莎和卡斯柏各自的"家"。包括內部裝飾、家具、布料等等，連細節也呈現出繪本的世界，感覺好像到兩人的房間玩。

【麗莎之家】
50000日圓～（1泊2人使用的房費，金額視季節變動）使用人數：1～4人，面積60㎡

【卡斯柏之家】
50000日圓～（1泊2人使用的房費，金額視季節變動）使用人數：1～5人，面積60㎡

◎重現麗莎居住在龐畢度文化中心水管中的家。房間到處擺著繪本中登場的物品

麗莎之家

◎天花板畫著卡斯柏最喜歡的恐龍與交通工具等圖案。把房間燈光轉暗，用黑光燈一照，天花板與牆壁就會浮現卡斯柏的塗鴉

卡斯柏之家

可以吃到繪本中出現的菜色
麗莎與卡斯柏餐廳
1F
餐廳可以實際吃到繪本中登場的麗莎與卡斯柏最喜歡吃的東西。還有其他許多可愛又好吃的餐點！

☎0555-22-1000
🕙10:00～21:00（外帶區8:00～）
休無休 席70席

黛芬阿姨的肉丸蜂蜜咖哩（甜味·附迷你沙拉）**1450日圓**

大得像披薩的特製漢堡 **2300日圓**

協力:富士急樂園、富士急樂園度假飯店&溫泉、FUJIYAMA溫泉

前往湧出富士名水的村落！

巡遊忍野八海

忍野八海是產自靈峰·富士的地下河流經的名水景點。以雄偉的富士山為背景，來優美的水畔散步吧。

3 湧池
留下木花開耶姬的傳說，曾拯救許多村人免於富士山噴發之難的池子。現在也仍湧出清澈的水。

> **開始巡遊八海！**
> 所需時間35分

步行即到　步行即到

4 濁池
傳說以前因為當地女性拒絕一位乞水修行者的請求，池水就變混濁了。現在有井水流入已不混濁。

步行即到

📷 攝影景點！
中池
中池位於忍野八海區的中心。雖然不算在八海當中，水深約8m的池水仍盪漾著翠藍色的漂亮水色。

2 鏡池
以水面倒映著富士山而聞名。據說可以看透善惡，村子的糾紛只要用池水淨身就會解決。

步行2分

1 菖蒲池
傳說有個妻子把池子的菖蒲綁在生病的丈夫身上，病就痊癒了。現在只剩下少量的菖蒲。

步行5分

5 底拔池
傳說只要餐具或蔬菜掉進池子裡，就會在附近的御釜池浮上來。位在赤楊林資料館內，參觀須收費。

步行6分

6 銚子池
據說有個放屁的新娘因為太丟臉，而拿著酒壺投池自殺。現在則一改傳說成為求姻緣的池子。

步行4分

7 御釜池
傳說有一個住在池畔的漂亮女孩被巨大的蟾蜍拖進池子裡，再也沒回來。

步行15分

終點！

8 出口池
以前修行者會用這個池子的水淨身後，再朝富士山前進。他們相信攜帶池水就能順利登山。

忍野八海 世界遺產
●おしのはっかい

清澈的水創造出神秘的風景

富士山融化的雪水湧出地面形成了漂亮的湧水池。這裡是世界遺產富士山的組成資產之一，八座池水各自流傳著古老的傳說。

📞0555-84-4221
（忍野村觀光服務處）
⏰自由參觀　📍山梨縣忍野村忍草　🚌富士急行富士山站搭乘內野方向巴士18分，在忍野八海入口下車，或搭乘行經ファナック平野方向巴士·ふじっ湖号巴士20分，在忍野八海(大橋)下車，各步行3分　🅿無(使用周邊的付費停車場)

MAP P.98 A-3

忍野八海是如何形成的？
以前忍野曾存在富士山融化雪水流入的湖泊。後來湖泊乾涸，留下湧出口變成池塘。

享受名水美食&體驗！

好～冰！

➡可以把手放進湧泉體驗清涼感

在地下慢慢過濾的水，透明非凡

地圖

お宮橋
お宮橋
浅間神社
忍野八海入口
区会事務所前
鏡池 2
START!
1 菖蒲池
かやぶき茶屋
大門橋
中池
濁池 4
池本茶屋
銚子池 6
湧池 3
御釜池 7
底拔池 5
赤楊林資料館
忍野村役場
忍草
神橋橋（路線巴士）
渡辺食品
忍野村觀光服務處
到出口池 850m
大橋
忍野八海(大橋)
8 出口池
GOAL!
忍野八海（快速巴士）

56

富士山山麓導覽

自樺兜園 P.40

人氣景點 P.50

交通工具之旅 P.62

美食 P.70

伴手禮 P.82

溫泉不住宿 P.84

佳宿 P.88

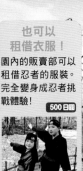

也可以租借衣服！
園內的販賣部可以租借忍者的服裝。完全變身成忍者挑戰體驗！

500日圓

富士山與忍者的合體照

全家都開心！

✦ 忍者體驗的新名勝 ✦

忍野 忍者主題村

誕生在忍野八海旁的忍者主題村。在眺望富士山的美麗自然中學習當忍者，享受變身體驗吧！

忍野 **忍野 忍者主題村** おしのしのびのさと

☎ 0555-84-1122 ⊙ 9:00～16:30 (17:00閉館) 休無休
¥ 庭園入園費大人、國高中生800日圓、3歲～國小生500日圓 (附遊樂設施1次使用券、遊樂設施使用費每個大人500日圓、小孩400日圓) 山梨縣忍野村忍草2845 富士急行富士山站搭乘行經忍野八海御殿場駅方向巴士18分，在忍野しのび里下車即到 P67輛 MAP P.99 C-4

忍者表演團體 "靄凬刃"

學習忍者相關事物！

↑超越常人的身體能力，以及聲光影像的演出是最精彩之處

融合傳統的伊賀忍術與現代的實踐性戰術，次世代的忍者表演秀。只在週六、日、假日公演，1天5次約20分鐘（需洽詢）。入園、忍者表演秀套票大人1500日圓、小孩1000日圓（入園＋使用遊樂設施1次＋忍者表演秀參觀）。

ふじみ茶寮 免費入場

在茶席傘下品嘗糰子

朱色的茶席傘是醒目標記的茶屋。可以品嘗抹茶與富士山銅鑼燒套餐，以及使用當季水果的霜淇淋等等餐點。

↑揉合忍者當成解毒劑的竹炭製成的忍者黑糰子等糰子各350日圓

↑顏色繽紛又有設計感的忍者商品

羅列獨特的忍者商品

販賣部 免費入場

位在入場口附近的販賣部有許多忍者圖案的伴手禮。扇子之類的可愛和風雜貨也一應俱全。去找喜歡的商品吧。

盡情享用富士湧泉製作的日本料理

食事処「雪月風花」 免費入場

可以遠望日本庭園與富士山的餐廳。使用當地產的新鮮蔬菜、湧泉製成的忍野名產豆腐，以及蕎麥麵等，可以盡情享用許多富士山麓自然恩賜的日本料理。

點氣氛絕佳的店內享用美食 ↑可以在忍者宅邸內享用美食

忍黑咖哩 1200円
使用墨魚汁製成的烏黑咖哩。這是只有這裡才能吃到的人氣菜色。

大人小孩都會入迷！

體驗型忍者遊樂設施

以遊玩「忍野手裏劍道場」、「忍者機關宅邸」、「忍術真傳之道」三項設施，體驗當忍者。各設施1次體驗大人500日圓、小孩400日圓。

↑手裏劍修行的目標為設置在林中的標靶

其之壹 忍野手裏劍道場

純熟掌握基本的忍者道具・手裏劍的修行場。靜下心來集中注意力，挑戰是否能射中標靶。

↑命中時尖銳的手裏劍插進標靶

↑宅邸中有許多機關

其之貳 忍者機關宅邸

為了保護自己不被敵人攻擊，設置了各種機關的忍者宅邸。一邊找捷徑與暗門，一邊朝終點前進吧。

↓一邊在迷宮前進，一邊習得忍者的技能

其之參 忍術真傳之道

可以做忍者修行的體育運動廣場。共有隱藏許多機關的「機關迷宮」等七項運動設施，非常受小孩歡迎。

四季交替的大自然妝點富士山

日本庭園

有清澈的水流，環繞當季花草，可以眺望富士山的美麗庭園。春天賞櫻，秋天的紅葉變紅，每個季節都讓人想拜訪此處。

↑在廣闊的庭園裡悠閒散步吧

從西湖湖畔眺望的青木原樹海

漫步熔岩上的原生林！
青木原樹海

位於富士山西北山麓的廣闊青木原樹海，生長在貞觀6(864)年長尾山噴發流出的熔岩上。讓我們進入這片表土是薄層熔岩台地的神祕森林探險吧！

在原生林散步，從樹葉間隙照下的陽光閃閃發光

植物在惡劣的環境下有各式各樣的外觀

如果想了解樹海！
參加自然導覽旅程吧

由導覽員解說樹海的形成與自然生態的行程。有不需預約的定時導覽行程，以及配合遊客希望導覽的預約導覽兩種行程。

請務必感受一下廣布於樹海森林中的豐富自然

【西湖】
申請預約
西湖自然中心管理事務所
さいこネイチャーセンターかんりじむしょ **MAP** P.99 C-1

富士河口湖町公認自然導覽員
小佐野先生

☎0555-82-3111 ⏰9:00～17:00（12～3月 9:00～15:16）休無休 山梨縣富士河口湖町西湖2068 富士急行河口湖站搭乘西湖周遊巴士34分，在西湖コウモリ穴下車即到 P41輛

定時導覽旅程	預約導覽旅程
所需時間 60分	**所需時間** 1～4小時
費用 1人500日圓(2人～)	**費用** 每小時1人500日圓(4人～)
申請方法 出發時間5分鐘前申請（周遊懷舊巴士抵達時間出發）	**申請方法** 希望參加日的2天前告知日期時間與人數等資料申請
路線 西湖蝙蝠洞周邊的樹海	**路線** 配合希望的獨創路線

旅程開始！

1 說明路線
首先一邊看導覽板的地圖，一邊說明路線。因為不是登山，穿著便於行走的服裝即可。

2 觸摸樹木
邊聽導覽員說明邊散步。試著實際觸摸樹木，聞聞香味吧。

3 飽享樹海風光
因為表土很薄，廣布著露出土層表面的樹根，請慢慢欣賞樹海獨特的景觀吧。

來場洞窟探險吧 更深入樹海的下方！

樹海的森林地下，因為富士山的火山活動，形成了天然紀念物的洞窟。就連盛夏也驚人的涼爽，潛入看看這個沁涼的神祕世界吧。

富岳風穴 ふがくふうけつ
探索稀有的光蘚

熔岩流產生的橫穴式洞窟。大部分的通道都很平坦，可以輕鬆享受探險氣氛。1～8月左右也能看見夢幻的天然冰柱。

☎0555-85-2300 ⏰9:00～17:00（視時期而異）休無休（冬季不定休）¥350日圓 山梨縣富士河口湖町西湖青木ケ原2068-1 富士急行河口湖站搭乘方向巴士37分，風穴下車即到 P150輛 **MAP** P.99 B-1

◆玄武岩的洞窟內氣泡很多，難以產生回音

◆洞窟的深處有發出青白色光芒的光蘚

鳴澤風穴 なるさわひょうけつ
展現於洞窟中的冰世界令人驚嘆

由熔岩水蒸氣噴出形成的豎立式洞窟。鑽過高度91cm的熔岩隧道後，到前方平均氣溫3度的冰世界探險吧。

☎0555-85-2301 ⏰9:00～17:00（視時期而異）休無休（冬季不定休）¥350日圓 山梨縣鳴澤村8533 從富士急行河口湖站搭乘往本栖湖方向巴士35分，氷穴下車步行5分 P100輛 **MAP** P.99 C-1

◆洞窟內頂部最低的熔岩隧道

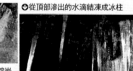
◆從頂部滲出的水滴結凍成冰柱

一邊眺望富士山，一邊接觸可愛的羊群！

眺望富士山景致極佳

春天會遇見羊寶寶

在朝霧高原和動物玩耍！

馬飼野牧場

馬飼野牧場廣布於日本著名的酪農地區朝霧高原上，由牧場主人馬飼野先生，以及熱愛自然的工作人員們經營。夏天也很涼爽的高原牧場上，可以體驗酪農業，並接觸動物們，享受牧場美食。

毛茸茸的羊走路的樣子很可愛

人氣活動！
放牧羊群　免費
從羊舍移動到放牧場，每天早上舉辦，是最受歡迎的活動。看著羊群蓬軟的毛皮，成群行進的樣子很療癒。
🕐10:00～（冬季11:00～）

輕鬆體驗露營
不住宿豪華露營

待在時尚帳篷中享受不住宿的露營。可以一邊眺望富士山，一邊體驗戶外活動。（需預約）
🕐11:00～15:00

附餐點
大人7000日圓
小孩4000日圓

和馬溝通交流
●栓馬場

馬的前腳咚咚的踢著，是央求東西的信號。試著叫牠的名字餵食紅蘿蔔吧。

20分 300日圓

●散步山羊　免費
和山羊一起在園內繞一圈！

拿著牽繩和山羊散步。雖然山羊沒辦法按照所想的路線走，但別著急，悠哉漫步享受樂趣吧。
🕐10:00～15:00（冬季～14:00，平日有時間變動）

Check牧場值得一看的地方！
●拖拉機巴士

可以眺望富士山並繞行園內一周。工作人員會解說值得看的地方，因此來到牧場就先去搭乘吧。
🕐9:30～17:30（冬季～16:30）

大人400日圓
小孩300日圓

遠望富士山享用絕品肉類
●富士山BBQ

2700日圓～

是新景點，可以飽覽景色，並享用在富士山麓飼養的幸壽豬與岡村牛等品牌肉品。
🕐11:00～14:30

富士宮 馬飼野牧場
まかいのぼくじょう
📞0544-54-0342　🕐9:00～18:00（11月21日～3月20日～17:00）　休無休（12月～3月20日週三休，有不定休）
💴大人800日圓、小孩500日圓　📍靜岡縣富士宮市內野1327　🚃JR富士宮站搭乘富士山方向巴士30分，まかいの牧場下車即到　🅿800輛
MAP P.101 C-4

富士山起司蛋糕
混合2種起司製成，是馬飼野牧場的人氣第一伴手禮。

1350日圓

喝的優格
以100%生乳製成的優格飲料。清爽的口味是人氣頗高的商品。

1瓶210日圓

牛奶（900㎖）
牧場內的工廠所生產的低溫殺菌非均質化牛奶。可以享用接近剛擠出來的味道。

1瓶520日圓

牧場冰淇淋
別錯過使用牧場的牛奶製成的霜淇淋。奶味相當醇厚。

400日圓

農場餐廳
位在售票處附近的餐廳，自助餐可以品嘗善用富士山麓產食材的料理。

自助餐
1890日圓

野生區

1 搭乘 原始森林巴士 參加導覽旅程

搭乘鋪設鐵絲網的巴士,周遊野生動物區。有工作人員導覽,可以詳盡了解動物。中途也可以體驗餵動物飼料。

所需時間 50分
附加費用 1300日圓(3歲以上收費,附飼料)

2 自駕 悠哉觀察

直接自駕進入野生動物區。可用喜歡的步調慢慢地觀察悠閒自由生活的動物。

所需時間 50分 附加費用 免費

3 Walking Safari 體驗餵飼料

一邊做森林浴,一邊觀察區域內的動物。各處都有可以隔著鐵絲網餵獅子飼料的「獅子岩」之類的觀察景點。

所需時間 2小時
附加費用 500日圓(4歲以上收費,飼料費另計)
舉辦時間 3月下旬~11月,天氣惡劣時中止

以富士山為背景,野生動物悠然自得

可以觀察亞洲象與非洲象

前往野生的動物王國!

好厲害──!

↳親人又眼睛可愛的網紋長頸鹿

好──開心!!

富士野生動物園

活用位於海拔850m的富士山麓自然環境,是日本國內第一座森林型自然動物公園。有「野生動物區」與「動物交流區」,可以遇見許多動物。

十里木 **富士野生動物園** ふじサファリパーク **MAP** P.96 D-2

☎055-998-1311 ⏰9:00~17:00(10月~16:30、11月1日~3月15日10:00~15:30) 休無休 ¥大人2700日圓、4歲~國中生1500日圓 所靜岡県裾野市須山藤原2255-27 ➡JR富士站搭乘ぐりんば方向巴士60分,富士サファリパーク下車即到 P1400輛

這裡也要 Check!

造型可愛 肚子也大滿足
名產美食

富士山咖哩
950日圓

↳仿照富士山形狀的人氣咖哩。大塊的配料也有滿滿的野性感

大象拼盤
750日圓

↳匯集了一整盤小孩喜歡的東西。附小包裝飲料也很令人開心

來觀察 夜晚的動物吧!
夜間野生旅行

點燈後的園內可以搭車或巴士參觀。能邂逅與白天不同表情的野生動物們。受理時間17時30分~19時30分(10月為17時~19時)。

¥1700日圓(4歲以上收費)
※舉辦期間為4月下旬~10月底的週六、日、假日、黃金週,以及暑假

日本首次!逼近頭頂的動物們
超級原始森林巴士

2017年3月起,天花板也裝設鐵絲網的新型車輛開始行駛。逼近頭頂的動物震撼滿分!可以試著從平常看不見的角度觀察動物的臉、身體、肉球。中途也可體驗餵動物飼料。

所需時間 60分
附加費用 2000日圓(國小生以上,附飼料,需要網路預約)

可愛的動物們迎賓!
動物交流區

在 交流牧場 療癒身心

除了可以撫摸水豚以外,也能觀察小貓熊和狐獴等動物。還能體驗騎小馬。

動物村 的 動物多樣又豐富

最喜歡洗澡的河馬、運動神經優異的豹、表情豐富的羊駝,以及嬌小可愛的天竺鼠,可以看見各式各樣的動物。

富士山山麓導覽

自駕兜風
P.40

人氣景點
P.50

交通工具
P.62

美食
P.70

伴手禮
P.82

溫泉不住宿
P.84

住宿
P.88

御殿場 PREMIUM・OUTLETS

"CP值最高的購物體驗！

日本最大規模的暢貨中心。分為East區與West區，匯集約210家店。去購買喜歡的商品吧。

有富士山風景的巨型暢貨中心

↑號稱占地廣達東京巨蛋的約8.5倍

↓廣場有噴水池，度假感十足

小知識！info

從場外停車場搭乘接駁巴士移動

距離商場稍遠的地方也有停車場，停車場有接駁巴士，可以視擁擠狀況利用接駁車。

御殿場

御殿場PREMIUM OUTLET

ごてんばプレミアムアウトレット

MAP P.100 C-3

☎0550-81-3122　🕙10:00～20:00（12～2月～19:00，視時期有變動）　㊡一年1次（2月的第3週四）　🏠靜岡縣御殿場市深沢1312　🚃JR御殿場站搭乘免費接駁巴士15分，從東名快速道路御殿場IC2km　🅿5000輛

肚子餓了就來這裡！

Gourmet
美食

West　WeST PArK CaFE

◎ウェストパークカフェ

☎0550-84-5001

重現道地的美國口味，東京的人氣咖啡廳。牛肉重達170g，分量充足的「WPC漢堡」廣受好評。

WPC漢堡
1250日圓

East　沼津魚がし鮨

◎ぬまづうおがしずし

☎0550-81-3139

以靜岡縣內為中心開設的人氣壽司店。從沼津港直接送來的新鮮壽司材料，可以用1盤100日圓起的合理價格品嘗。

廚師自選
炙燒3種握壽司
380日圓

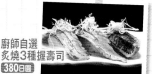

East　Abahouse

◎アバハウス

☎0550-81-5268

由ABAHOUSE INTERNATIONAL開設，各種男士、女士品牌齊全的商店。除了洋裝以外，也有豐富的鞋子與小物。

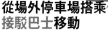

↑馬克杯設計簡單又時尚

West　Francfranc

◎フランフラン

☎0550-81-5281

備有豐富的時髦家具與雜貨的室內用品店。店裡的家具配設也可當作參考。

↑圓點&條紋配色的人氣款式（Women's）

↑連衣裙的設計文雅素淨

↓百搭的淺口鞋

Shopping
購物

人氣品牌Check！

East　New Balance

◎ニューバランス

☎0550-70-3005

誕生於波士頓的矯正鞋製造商。穿著舒適的人氣鞋款就不用說了，服裝與小物等豐富的商品一應俱全。

↑穿起來非常舒適，推薦日常使用的一雙鞋子（Men's）

Topkapi
West　Account of Journey

◎トプカピアカウントオブジャーニー

☎0550-81-3151

女士服飾雜貨店，傳統且帶有童心的商品齊全。原創的包包、帽子、洋裝等等可愛的商品豐富。

↑Liberty Print的托特包

↓有醒目綠色緞帶的帽子

East　Coleman

◎コールマン

☎0550-70-1277

1901年創業的戶外用品名牌老店。特徵是具備機能性與耐久性，但卻採用日常生活元素的輕鬆設計。

↑推薦健行使用的雙肩背包

登場1周年！ 富士山景觀特急列車

眺望富士山風景度過時光 交通工具之旅

以悠閒的心情朝富士山GO！

以特急朝霧號活躍的車輛為基底

前往富士山的高級旅程

富士急行線全長26.6km，連接海拔差距約500m的大月～河口湖站。車體是以JR九州銳岡治先生所設計、聞名的水戶銳岡治路線這班車朝世界遺產的富士山前進，旅途本身就是目的。塗裝成紅色金屬色彩的列車車內，是能感覺到木質溫暖團團氣息的空間。可以預約甜點專案，享受更特別的時光案。

觀光電車、水陸兩用巴士、遊覽船等等，富士山麓有許多有個性的交通工具！悠哉搭乘交通工具，一邊搖晃一邊飽覽美景吧。

富士急行線的 車窗風景

かわぐちこ
河口湖
海拔857m

海拔809m
富士山
（ふじさん）

海拔776m
月江寺
（げっこうじ）

海拔829m
富士急樂園
（ふじきゅうハイランド）→P.50

海拔753m
下吉田
（しもよしだ）

海拔710m
壽（ことぶき）

海拔561m
東桂
（ひがしかつら）

海拔484m
谷村町
（やむらまち）

海拔739m
葭池溫泉前
（よしいけおんせんまえ）

海拔520m
十日市場
（とおかいちば）

海拔467m
都留市
（つるし）

海拔616m
三つ峠
（みつとうげ）

海拔503m
都留文科大學前
（つるぶんかだいがくまえ）

海拔445m
赤坂
（あかさか）

海拔421m
禾生
（かせい）

海拔358m
上大月
（かみおおつき）

海拔392m
田野倉
（たのくら）

大月 おおつき
海拔358m

甲府站
JR中央本線
高尾站

必看之處②
勝山城跡
途經桂川流域的勝山城跡。這裡是景致極佳的賞櫻名勝，如今也殘留石牆、土壘等遺跡。

必看之處④
富士山
經過可以眺望美麗富士山雄姿的最佳景點時，車速會放緩。

必看之處③
田原瀑布
連芭蕉也忍不住為這座桂川的階梯狀瀑布吟詠一句。可以從上方俯視，在正前方看見瀑布的樣貌。

必看之處①
山梨磁浮實驗線
約在禾生站前方1km附近，會經過磁浮列車實驗線高架橋下。運氣好的時候說不定會看見時速500km的列車。

富士山景觀特急列車
★ふじさんビューとっきゅう MAP P.99 B-3

行駛區間	富士急行線 大月～河口湖
停車站	大月・都留文科大學前（甜點專案不可上下車）・富士山・富士急樂園・河口湖
所需時間	約45分（大月～河口湖）
行駛時刻表	平日來回2班次、週六、日、假日來回3班次（其中2班次為甜點專案）
乘車費用	特別車廂1號車（對號座）乘車券＋特急券＋特別車廂費用900日圓（乘車的1個月前～前一天需預約）、2、3號車（自由座）乘車券＋特急券、甜點專案大人4000日圓、小孩3000日圓（乘車日的前月1日～搭乘日的3天前需預約）
洽詢	特別車廂1號車（對號座）

☎ 0555-73-8181
（富士急預約中心）
甜點專案設置列車
☎ 0555-22-8877
（富士急Travel）
HP http://www.fujikyu-railway.jp

※菜色內容視季節而異

富士山景觀特急列車特製甜點

鋪滿山梨美味佳餚的甜點,是西點師傅的獨創之作。

預約甜點專案設置列車吧!

週六、假日限定!

只在週六假日行駛來回2班次,1號車的特別專案。座位準備了特製甜點,45分鐘的乘車時間成了美妙的咖啡廳時光。

距離富士山最近的鐵路!

別忘了欣賞車窗外的景色

或右或左改變位置出現美景,也別錯過富士山的風景。

有三種類型的座位!

除了對坐式的包廂、圓桌的吧檯座以外,也有單人座位。

1號車是特別車廂!(需預約)

車廂內共26個座位,全是對號座,有令人開心的迎賓飲料服務。車內舒適,附寬闊的餐桌,可以體驗充滿特別感的列車之旅。

每節車廂不同的藝術作品引人注目

掛在車裡裝框的繪畫是永戶岡的作品。

2・3號車是自由席!

善用木材質感的2號車與3號車的座位,與1號車一樣是可斜躺的座椅。不需預約即可使用。

服務員的接待

後方的櫃檯有服務員隨車服務,車內也販售商品。

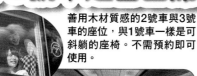

2號車

→有57個座位的2號車。遮光簾是竹製的,氣氛溫馨

3號車

→3號車有60個座位。車內宛如被木頭包圍,感覺很安穩

赤瓦杯墊(2片組)

1800日圓

↗使用其特性為吸水、速乾的赤瓦。特急列車與富士山的插圖也很可愛

明信片(4張組)

500日圓

↗水戶岡的設計,可以感受到富士山景觀特急列車的風格,是經典的伴手禮

車內才買得到的原創伴手禮

去購買可以令人想起開心旅行回憶的可愛商品吧。

金屬鑰匙圈

1300日圓

↑紀念富士山景觀特急列車行駛1周年的限定商品。高級感的光澤是商品特點

復古又可愛！
富士登山電車

富士登山電車
★ ふじとざんでんしゃ　MAP P.99 B-3

行駛區間	富士急行線 大月～河口湖
停車站	大月·三峠·下吉田·富士山·富士急樂園·河口湖
所需時間	約55分（大月～河口湖）
行駛時刻表	平日來回1班次、週六日、假日來回1.5班次（週四停駛 ※假日行駛，但可能因車輛檢修停駛）
乘車費用	乘車券+入座券200日圓
預約	大月～三峠、大月～下吉田、大月～富士山、大月～富士急樂園、大月～河口湖、只能利用以上共計5個區間。個人需在乘車日的1個月前～前一天預約（15人以上需在4個月前～1個月前預約）
洽詢	☎ 0555-73-8181（富士急預約中心）
HP	http://www.fujikyu-railway.jp

車窗可見雄偉的富士山！復古的車廂也很有魅力

富士登山電車是奔馳於富士急行線的列車之一。與富士山景觀特急列車一樣，由水戶岡設計，可以從復古時髦的車廂飽覽富士山的景致。由赤富士與青富士兩節車廂組成。外觀塗裝成開業當時「モ1形」的褐朱色。

對坐座位
附有方便打開便當的折疊式餐桌。

懷舊的氣氛！
•1號車赤富士•
車內是由深褐色與紅色雙色組成，復古時尚。直線型的家具令人懷念。

展望椅
面向大窗戶的雙人座椅子。可以從車窗欣賞景色。

富士見窗
觀看富士山專用的圓形窗。附有墊腳椅，小孩也能欣賞風景。

圖書室
陳列有關鐵路與富士山的書籍。一邊欣賞景色一邊讀書吧。

2節編組

Check富士登山電車的車內！

可以放鬆的舒適空間
•2號車青富士•
宛如客廳的空間，曲線設計的原色木料與藍色的裝潢營造出放鬆的氣氛。

展望長椅
附扶手的長椅，椅背與座位也都呈現曲線型。

展示櫃
滿滿都是當地的工藝品以及車內販售的原創商品。

嬰兒圍欄
讓帶嬰兒的媽媽也能安心欣賞車窗外的風景。

服務區
可以在這裡蓋紀念章。也販售商品與礦泉水。

富士急行線車輛集
說不定你會遇見!?

富士山特急
現役

畫了富士山吉祥物的知名電車。大月～富士山之間可用乘車券+400日圓的特急券搭乘。

THOMAS LAND號
現役

從車身到座位都有「湯瑪士小火車」的彩繪，很受小孩歡迎的車輛。

モ1號
退休

富士山麓電氣鐵道開始營業時，行駛陡坡路線用的車輛。現展示於河口湖站。

6000系
現役

「日本第一寬敞的通勤電車」。地板與吊環使用木材，特徵是車內散發溫馨感。

協力：富士急行

富士山山麓導覽

自駕兜風
P.40

人氣景點
P.50

交通工具之旅
P.62

美食
P.70

伴手禮
P.82

溫泉 不住宿
P.84

住宿
P.88

→吹過湖上的風很清爽又舒服

從湖上遠眺富士山！

-4- 湖上乘船遊覽

波浪平穩的山中湖很少搖晃，乘坐起來很舒適。晴天時可以看見雄偉的富士山，繞湖遊覽的同時可以眺望湖畔的群山。

風的氣味、水花，以及絕景的富士山等等，搭乘KABA感覺山中湖的大自然♪

山中湖的 KABA導覽員

3 駛入山中湖！

抵達湖畔以後，終於可以前進山中湖！「3、2、1」倒數後就用力往山中湖中駛去！

山中湖的 從陸地到湖泊！爽快的水陸兩用巴士之旅 KABA

富士山地區第一輛水陸兩用巴士「山中湖的KABA」，感覺像玩遊樂設施的超人氣水陸兩用巴士。一輛車就能玩2次，在山中湖畔開車兜風，還有湖上乘船遊覽！

→救生衣的件數依照人數準備。船上會仔細說明令人安心

5 前往巴士總站

上陸以後前往出發地山中湖旭日丘巴士總站。可以一邊眺望去程對面的景色，一邊享受剩下的旅程。

2 湖畔的森林中

首先是陸上開車兜風。車身很高的水陸兩用KABA擁有絕佳視野。導覽員的觀光導覽與小謎題也讓車內氣氛熱絡。

↑以猜謎方式學習山中湖周邊的自然

1 出發開車兜風

山中湖旭日丘巴士總站的「森の駅」是KABA乘車處。請到2樓售票處買票。

駕駛員
救生衣也準備萬全

可在森之站買到的 KABA商品！

咚吭咚吭布偶
(850日圓)
形狀胖嘟嘟很可愛的KABA巴士布偶

奔馳的鬧鐘
(1340日圓)
重現巴士外形的獨特鬧鐘

水陸兩用巴士 山中湖的KABA
MAP P.98 B-4

行駛日	每天行駛（可能因天候停駛）
費用	大人2200日圓、4歲～國小生1100日圓、3歲以下（無座位）400日圓
所需時間	1周約30分
搭乘處	山中湖旭日丘巴士總站（山中湖村平野506-296）
交通資訊	富士急行富士山站搭乘往御殿場・平野方向巴士約30分、旭日丘バスターミナル下車即到
預約方法	http://kaba-bus.com或富士急預約中心 ☎0555-73-8181（受理時間7:30～20:00） ☎090-6160-4696（當日預約專用9:00～16:00）

以可靠的河馬為原型！載滿水陸皆享受的裝置

「山中湖的KABA」是可以體驗兩種娛樂的水陸兩用巴士，包括湖畔開車兜風與湖上乘船遊覽。以能在陸地與水中生活的河馬為設計主題，由工業設計師水戶岡銳治所設計，是山中湖的知名特色，廣受矚目。在陸地上用輪胎奔馳；在湖中則以螺旋槳航行。藉著導覽員輕快的閒聊與猜謎，山中湖周邊的觀光與遊樂設施性質樂趣滿載，是充滿娛樂性的交通工具。

搭周遊巴士 享受湖畔休閒

若要巡遊富士五湖周邊，推薦利用既方便移動也輕鬆的周遊巴士。一搭乘三種巴士，遊遍人氣景點吧！

① 遊覽船・空中纜車入口

河口湖天上山公園 Kachikachi山纜車

★かわぐちこてんじょうやまこうえん カチカチやまロープウェイ

飽覽富士山與河口湖的全景風景

天上山是童話「喀擦喀擦山」的舞台，連結河口湖畔距離約3分鐘。山頂站的展望台可以遠望富士山腳下的原野。

MAP P.98 C-2

詳情請看 ➡ 圏68

↑山頂站的展望台可以欣賞雄偉的景致

↑搭乘2015年翻新的新型車廂做空中遊覽

① 遊覽船・空中纜車入口

河口湖遊覽船Ensoleillé號

★かわぐちゆうらんせんアンソレイユごう

搭乘南歐風的遊覽船在湖上乘船遊覽

氣氛時尚，令人聯想南歐湖泊度假區的遊覽船。1樓的座位是沙發，令人放鬆；2樓的座位則可以欣賞360度的美景。

MAP P.98 C-2

↑定額120人，周遊河口湖約20分鐘　↑2樓座位的甲板空間景致極佳

詳情請看 ➡ 圏69

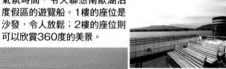

↑山頂站的たぬき茶屋的特產狸丸子
↑也有佇立著狛兔的兔神社

河口湖周遊巴士
かわぐちこしゅうゆうバス
自由乘車券
（2天內自由乘車）1300日圓
詳情請看 ➡ 圏106
OMNIBUS

搭乘OMNIBUS巡遊！ 河口湖專案

從空中&湖上眺望絕景！

搭乘時髦車身的OMNIBUS從河口湖站出發。在河口湖北岸，從空中纜車或遊覽船上欣賞富士山風景。盡情欣賞絕景後，在美術館用音樂盒的音色療癒心靈。

② 河口湖音樂盒之森美術館

河口湖音樂盒之森

★かわぐちこオルゴールのもり

美麗的富士山與音樂盒的競相演出

匯集歷史性音樂盒的美術館。沙畫現場音樂會、自動演奏樂器與歌劇演員的合作音樂會也不可錯過。

MAP P.98 C-1

詳情請看 ➡ 圏72 Le Rivage

↑以富士山為背景的優雅西歐風廣闊庭園

周遊巴士MAP

- 河口湖周遊巴士
- 山中湖周遊巴士
- 鳴澤・精進湖・本栖湖周遊巴士

↑甲府
河口湖
河口湖站
富士急行
大月JCT→
中央自動車道

湖北景觀線
西湖
東恋路
富士急樂園站
富士山站

精進湖
富士全景線
河口湖IC
富士吉田IC

本栖湖

鎌倉往返
富士全景線
東富士五湖道路

搭乘富士山景觀特急號等交通工具到富士五湖吧♪

山中湖IC
山中湖
須走IC↓

也有從新宿站或東京站行駛到河口湖的快速巴士！

→以水陸兩棲的河馬為設計主題

1
山中湖旭日丘

水陸兩用巴士
山中湖的KABA
★すいりくりょうようバスやまなかこのカバ

搭乘巴士直接駛向湖面！
在山中湖的湖畔奔馳，又可以遊覽湖面的水陸兩用巴士。從陸地開往湖面的瞬間震撼力滿分。湖上的乘船遊覽時間約15分。

→隨著服務員的指令往湖面開去

MAP P.98 B-4 詳情請看 →P.65

搭乘富士湖號巡遊！
山中湖（專案）
享受水陸兩用巴士&忍野的名勝！

從富士山站搭乘富士湖號。在山中湖搭乘稀有的水陸兩用巴士，以及天鵝造型的遊覽船享受樂趣。也推薦忍者主題村裡使用名水製成的日本料理。

富士湖號

山中湖周遊巴士
やまなかこしゅうゆうバス

¥自由優惠券
（2天內自由乘車）
1340日圓
詳情請看 →P.106

→繞山中湖一周約25分

→欣賞雄偉的富士山與忍者的競相演出
→只有這裡才能吃到使用墨魚汁製成的忍者黑咖哩

2
忍野忍者主題村

忍野 忍者主題村
★おしのしのびのさと

學習忍者技術的同時也能親身體驗！
位於人氣景點忍野八海附近，可體驗忍者樂趣的設施。機關宅邸、手裏劍道場、忍者表演秀等等，都是值得一看的地方。

MAP P.99 C-4 詳情請看 →P.57

1
山中湖旭日丘

山中湖 Swan Lake號遊覽船
★やまなかこゆうらんせんはくちょうのみずうみ

搭乘漂亮的Swan Lake號遊覽山中湖

「希望日本第一美的天鵝能飄浮在日本第一的富士山山麓·山中湖」以此為概念所設計的遊覽船。來感受山中湖的風吧。

詳情請看 →P.68　MAP P.98 C-4

→模仿潛艇的遊覽船，有潛望鏡、圓窗等設備

步行6分

3
本栖湖

本栖湖 Moguran遊覽船
★もとすこゆうらんせんもぐらん

不能潛水的潛水艇，名字也叫「Moguran」
可愛的黃色潛水艇造型遊覽船。人數定額50人，繞本栖湖費時約25分。從船底窗也能看見魚。

詳情請看 →P.69　MAP P.99 A-2

2
富岳風穴

富岳風穴
★ふがくふうけつ

容易行走的橫穴式熔岩洞窟
全長約200m的洞窟中，可以參觀熔岩棚、繩狀熔岩等自然造景。以前是天然的冰箱，用來貯藏種子等物品。

→洞窟可以看到的冰柱

MAP P.99 B-1　詳情請看 →P.58

→洞窟內可以看見熔岩流造成的地形與光癬等等

搭乘鳴澤·精進湖·本栖湖周遊巴士巡遊！
2016年開始行駛！
本栖湖（專案）
前往樹海的洞窟&高透明度的本栖湖！

鳴澤、精進湖、本栖湖周遊巴士於2016年開始行駛。從河口站搭車後，首先去青木原樹海的森林熔岩洞窟探險。之後也去擁有著名高透明度的本栖湖搭遊覽船觀光吧。

鳴澤、精進湖、本栖湖周遊巴士
なるさわしょうじこもとすこしゅうゆうバス

¥自由優惠券
（2天自由乘車）1500日圓
詳情請看 →P.106

鳴澤、精進湖、本栖湖周遊巴士

步行5分

1
鳴澤冰穴

鳴澤冰穴 ★なるさわひょうけつ

潛入夏天也涼爽的冰之世界
指定為國家天然紀念物的洞窟。全年平均氣溫約攝氏3度上下，夢幻的洞窟內可以看見冰壁、冰池、冰柱等等。

詳情請看 →P.58　MAP P.99 C-1

→從頂部滴落的水滴形成冰柱

（這裡的巴士也要CHECK!）

人氣順遊景點
上午路線
富士山四合目大澤展望台、富士山五合目
下午路線
忍野八海、山中湖Swan Lake號遊覽船、山中湖花之都公園等等

把巴士移動與參觀、體驗觀光景點搭配成套，非常划算的定期觀光巴士專案。有2班次運行，分別為從富士急樂園快速巴士總站·河口湖站發車，繞行富士山五合目的上午路線，以及繞行忍野、山中湖方向的下午路線。

有巴士導遊為您導覽！

搭乘定期觀光巴士巡遊富士五湖周邊很划算♪

還有很多！ 欣賞富士山景致 的各種交通工具

只要搭乘渡輪、遊覽船、空中纜車，就能悠哉欣賞富士山與山麓的絕景。仿照天鵝或潛水艇等，精心設計的船也是魅力之一。

被認定為海之縣道223（富士山）號

從西伊豆看見的晚霞景觀很漂亮

連接清水港～土肥港間的大型渡輪

駿河灣渡輪
するがわんフェリー

海＋空＋富士山的風景

全長83m的高速大型渡輪「富士」橫渡駿河灣，花費約65分連接清水港與西伊豆的土肥港。可以從廣闊的甲板，感受爽快的海風並盡情欣賞富士山的雄姿。船裡也準備了視野特別良好的特別室。特別室的票（500日圓）可以在船內購買。2013年4月，駿河灣渡輪的航線被認定為靜岡縣海之縣道223（富士山）號。這條航線提供旅客更為充實的旅程，前往陸路距離100km（約2小時30分）的西伊豆，僅需65分就能抵達。

INFORMATION **MAP** P.101 B-2
☎ 054-353-2221 ⏱ 1天行駛4班次 休 無休（1月有檢查停駛）
所需時間 65分 ¥ 2260日圓（車輛5100日圓～） 所清水港渡輪乘船處：靜岡縣靜岡市清水區日の出町10-80 🚌 前往清水港渡輪乘船處的交通資訊：JR清水站東口搭乘免費接駁巴士10分 P 560輛（Marine停車場）

山中湖Swan Lake號遊覽船
やまなかこゆうらんせんはくちょうのみずうみ

很受歡迎兒童用的展望席，感覺就像變成船長！

船裡的設計運用木紋充滿暖意

搭乘Swan Lake號遊覽山中湖

號稱富士五湖中最大的山中湖。可以遊覽山中湖一周的遊覽船「Swan Lake」號是能乘載180人的天鵝造型船。巡遊旭日丘棧橋～山中棧橋～旭日丘棧橋，一周約25分。從湖上眺望的富士山，山腳下廣闊平緩的原野就在眼前。也可以帶寵物一起搭船。

INFORMATION **MAP** P.98 C-4
☎ 0555-62-0130（富士汽船） ⏱ 9:30～16:30（視時期有變動） 休 暴風雨時、結冰時
所需時間 25分 ¥ 大人1000日圓、國小生500日圓、每位大人可帶1位幼童免費 所山梨縣山中湖村平野506-1 🚌 富士急行富士山站往旭日丘方向巴士30分，旭日丘下車即到 P 使用鄰近的停車場

富士山山麓導覽

自駕兜風
P.40

人氣景點
P.50

交通工具之旅
P.62

美食
P.70

伴手禮
P.82

不住宿溫泉
P.84

住宿
P.88

河口湖天上山公園
Kachikachi山纜車

かわぐちこてんじょうやまこうえん
カチカチやまロープウェイ

從上空看見全景風景

從海拔856m的河口湖畔站到1075m的富士見台站，搭乘空中纜車僅需3分鐘的空中散步。抵達山頂展望台時，眼前是一片富士山山腳下廣闊原野與河口湖的絕景。搭乘全面裝設玻璃的纜車車廂「富士山詣駕籠」，盡情欣賞全景景色。

INFORMATION **MAP** P.98 C-2

☎0555-72-0363 ⌚9:00～17:00（視時期有變動）休無休（可能因天候惡劣、維修而停駛）所需時間 河口湖畔站→富士見台站3分 ¥來回大人800日圓、國小生400日圓 所山梨縣富士河口湖町淺川1163-1 ⊠富士急行河口湖站搭乘河口湖周遊巴士11～16分，遊覽船・ロープウェイ入口下車即到 P9輛

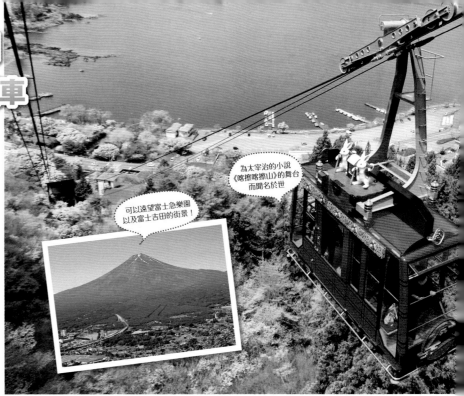

為太宰治的小說《喀擦喀擦山》的舞台而聞名於世

可以遠望富士急樂園以及富士吉田的街景！

河口湖
遊覽船Ensoleillé號

かわぐちこゆうらんせんアンソレイユごう

用度假的心情乘船遊覽

Ensoleillé號以南歐的湖泊度假區為形象打造，是氣氛時尚的遊覽船。1樓有配置餐桌與沙發的船內客艙，後方備有搭起帳棚的空間。天氣好的時候，也很推薦可以欣賞360度全景的2樓座位。運氣好的話，說不定能看見「逆富士」。

INFORMATION **MAP** P.98 C-2

☎0555-72-0029（富士五湖汽船）⌚9:00～16:30（每30分1班，視時期有變動）休無休 所需時間 20分 ¥大人930日圓、國小生470日圓 所山梨縣富士河口湖町船津4034 ⊠富士急行河口湖站步行10分 P50輛

如果有外出籠，寵物也能搭船。乘船費200日圓

2樓座位可以盡情欣賞雄偉的景色！

本栖湖Moguran
遊覽船

もとすこ
ゆうらんせん
もぐらん

不能潛水的潛水艇

INFORMATION **MAP** P.99 A-2

☎0555-72-0029（富士五湖汽船）⌚3月下旬～11月中旬的週六、日、假日9:30～15:30（每40分1班，視季節有變動）休週一～週五（逢假日則營業，富士芝櫻祭期間、7月下旬～8月無休）、暴風雨時 所需時間 25分 ¥大人930日圓、國小生470日圓 所山梨縣富士河口湖町本栖18 ⊠從富士急行河口湖站搭乘往本栖湖方向巴士47分，在本栖湖レストハウス下車，步行10分 P30輛

可愛的黃色潛水艇造型遊覽船，人數定額50人，大致繞湖一圈費時約25分。除了圓窗與潛望鏡以外，船內設置了兩扇船底窗，可以觀察棲息在本栖湖的鯉魚、紅鱒、虹鮭、珠星三塊魚等等。

圓窗與潛望鏡很像潛水艇的Moguran

船內設計是五彩繽紛又可愛的波普藝術

品嘗當地美食

這就是旅行令人在意的醍醐味！

全國知名度極高的富士宮炒麵、富士吉田的鄉土美食・吉田的烏龍麵等等，富士山的山麓有豐富多彩的可口美食！來體驗當地特有的美食文化吧！

分量滿點的配料

炒麵（中）450日圓
⏱簡單的配料襯托出麵的美味

當地美食的王者

富士宮炒麵

享受王道滋味的學會直營店

富士宮
虹屋
★にじや

🈸 以盡情享用放上整隻烤烏賊的炒麵、勾芡風、烏賊蔥醬油味等等豐富多彩的炒麵。若要外帶，建議事先打電話訂購。

📞0544-23-4422
🕙10:30～19:30 休週一、二
🏠靜岡縣富士宮市野中東町119-2
🚋JR富士宮站步行10分 🅿4輛

MAP P.97 B-2

巨大烏賊炒麵 580日圓
⏱烤到焦黃的厚實烏賊給人深刻印象

特點是蒸麵的口感形成的美味

富士宮炒麵的特徵是獨特口感的蒸麵。另外還有使用搾豬油的肉渣，以及沙丁魚刨下的魚粉等等，根據學會規定的12條規則製作炒麵。

富士宮
●炒麵學會會長
渡邉先生

炒麵熱潮的源頭！

⏱由媽媽們合作炒出漂亮的成品

炒麵學會除了在店面的販賣以外，也企圖透過富士宮炒麵活絡城鎮，製成地圖或發布資訊等等。

富士宮
富士宮炒麵學會
特產直銷商店
★ふじのみややきそばがっかいアンテナショップ

🈻 設富士宮炒麵學會事務局。富士宮炒麵的特徵是麵條軟Q的獨特嚼勁，可以品嘗到滋味單純的麵。把炒麵麵包裝在杯子裡的限定商品「麵ブラン」也很受歡迎。

↖位於宮橫丁中，可以順道輕鬆探訪

📞0544-22-5341
🕙10:30～17:30 休無休
🏠靜岡縣富士宮市宮町4-23 お宮橫丁內
🚋JR富士宮站步行8分
🅿利用市營停車場

MAP P.100 B-2

這個也很推薦！

PAGE特製富士宮炒麵 1050日圓

富士宮
Cafe Page
★カフェ ペイジ

橄欖油炒的特製富士宮炒麵。夾進套餐附的店家自製麵包再吃也很美味。

📞0544-25-0242
🕙10:00～18:00（午餐11:30～14:30）、晚餐為預約制～21:00
休週四、日 🏠靜岡縣富士宮市野中608-1 🚋JR西富士宮站步行10分
🅿10輛

富士宮
ひまわり

在L字型的吧檯座鐵板上，於客人眼前炒麵。放上半熟煎蛋的綜合炒麵是人氣餐點。

📞0544-26-3279
🕙11:00～21:00 休週二 🏠靜岡縣富士宮市若の宮町32 🚋JR富士宮站步行15分 🅿4輛

MAP P.100 C-1

綜合炒麵 600日圓

MAP P.100 A-2

綜合炒麵 650日圓

富士宮
大阪屋
★おおさかや

因常客生意興隆的大眾化店家。嚴選優質的豬油與新鮮的鰹魚粉等食材，用廚師使用已久的鐵板炒熟。

📞0544-27-0237
🕙10:00～20:00（週一、二～16:00）
休不定休 🏠靜岡縣富士宮市元城町12-10 🚋JR富士宮站步行7分
🅿7輛

MAP P.100 C-1

富士宮
鉄板焼 ちゃん 站前店
★てっぱんやきちゃんえきまえてん

使用富士宮製麵所・叶屋的麵條，不用水，而是添加鰹魚高湯製成炒麵，特徵是軟Q的口感與獨特的風味。

📞0544-22-3835
🕙11:00～14:30、17:00～23:00（週六為11:00～23:00、週日、假日11:00～22:00）休週三（逢假日則翌日休）🏠靜岡縣富士宮市中央町9-3 🚋JR富士宮站步行3分 🅿8輛

MAP P.100 C-2

綜合炒麵 680日圓

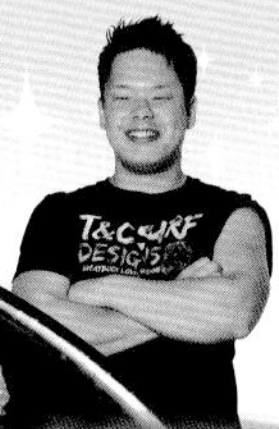

每一道菜都分量滿分！

● 老闆
● 刑部先生

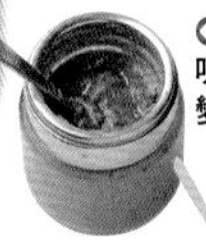

[富士吉田] ふじ山食堂。
★ふじさんしょくどう。

2 016年重新開張的店家。烏龍麵使用軟Q的中粗縮麵，和選用鰹魚、鯖魚、小魚乾高湯製成的醬油味湯汁十分搭配。薑燒豬肉與唐揚炸物之類的定食菜色也很豐富。

📞0555-23-3697
🕐11:00〜14:00（週六、日、假日〜15:00）
休週二 所山梨縣富士吉田市上吉田6-9-6
🚃富士急行富士山站步行15分
🅿15輛
MAP P.99 B-3

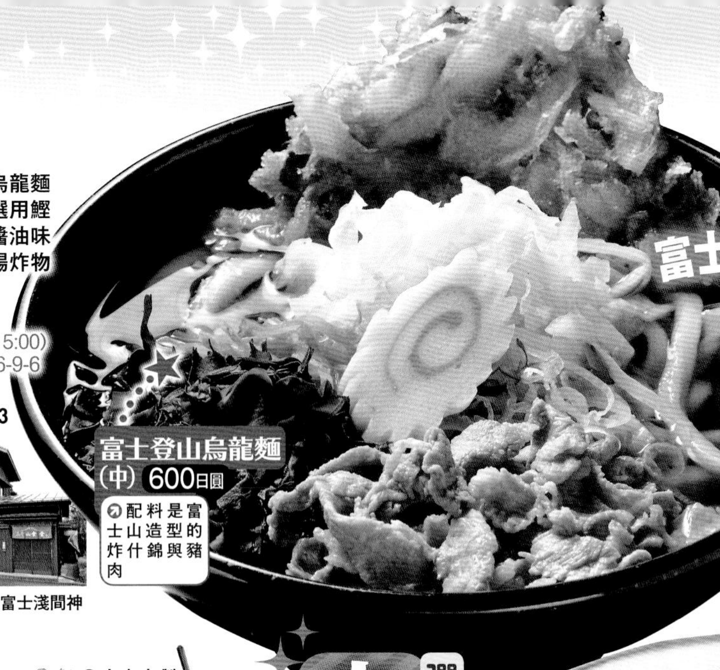

富士山造型的炸什錦 肚子也大滿足

➡用店家自製味噌享受味道變化的樂趣

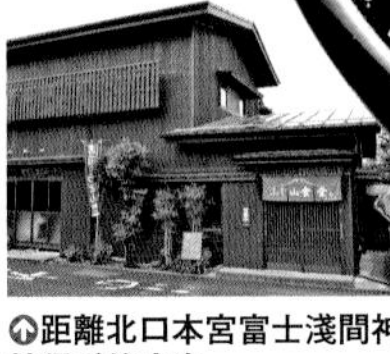

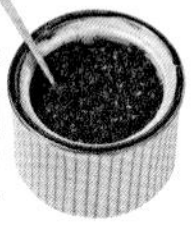

➡風味豐富的辣味，引人食慾的Suridane也很受矚目

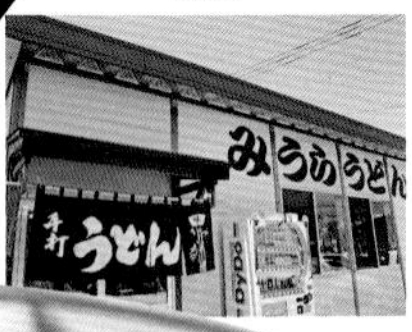

➡距離北口本宮富士淺間神社很近的店家

富士登山烏龍麵（中）600日圓

➡配料是富士山造型的炸什錦與豬肉

➡沿著昭和通蓋的白色預鑄建築店鋪

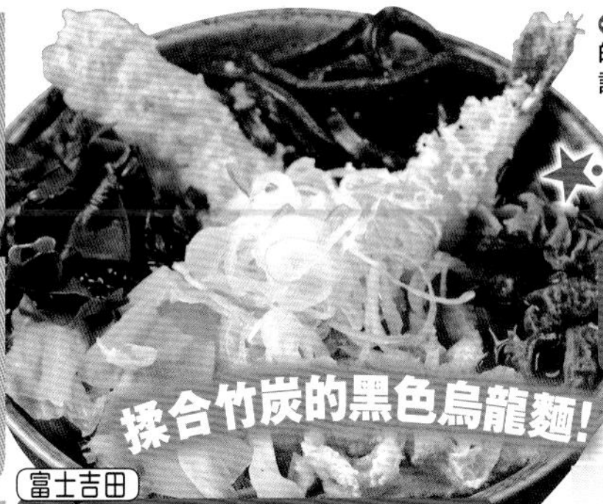

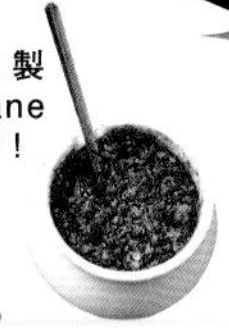

➡店家自製的Suridane讓美味UP！

黑富士屋烏龍麵 740日圓

➡竹炭黑麵上放了鮮蝦、竹輪等天婦羅

揉合竹炭的黑色烏龍麵！

[富士吉田] 吉田うどん ふじや
★よしだうどんふじや

使 用有彈性的粗麵條，遵守吉田烏龍麵傳統的同時，也積極挑戰使用新素材與製法的店家。使用竹炭等材料的有個性烏龍麵也列於菜單上。

📞0555-24-3271
🕐11:00〜14:00、17:30〜20:00（晚上只有週五〜週日、假日營業，售完打烊）
休週二（逢假日則營業）所山梨縣富士吉田市松山4-6-9 🚃富士急行富士山站步行5分 🅿40輛
MAP P.99 B-3

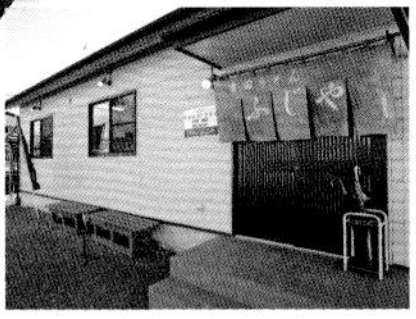

➡夜間也營業的稀有店家

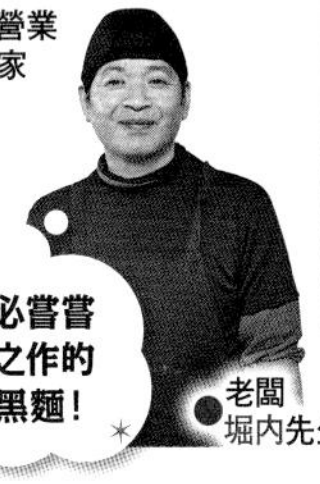

請務必嚐嚐得意之作的竹炭黑麵！

● 老闆 堀內先生

吉田的烏龍麵
彈牙的麵條令人食指大動

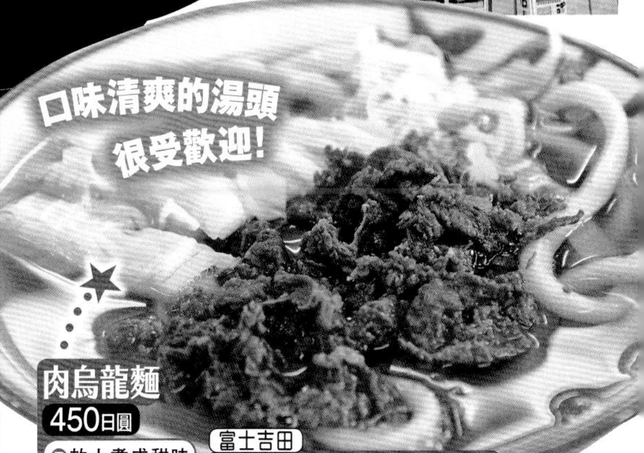

口味清爽的湯頭 很受歡迎！

肉烏龍麵 450日圓

➡放上煮成甜味的馬肉與汆燙高麗菜

在特別的大日子品嚐富士吉田的傳統美食

特徵是麵條的粗度與絕佳的彈性，配料使用燙高麗菜與大量煮成甜鹹口味的馬肉。混合紅辣椒與芝麻等材料的「Suridane」也是不可或缺的調味料。

[富士吉田] みうらうどん

當 地客人在週末大排長龍的人氣店家。麵條使用有彈勁的中粗麵。調合醬油與味噌製成清爽的湯汁，和山椒味十足的調味料Suridane非常搭配。推薦菜色是肉烏龍麵。

📞0555-24-1141
🕐10:00〜14:00 休週三（逢假日則營業）
所山梨縣富士吉田市下吉田1-22-5
🚃富士急行下吉田站步行10分 🅿25輛
MAP P.94 D-1

這個也很推薦！

[富士吉田] 桜井うどん
★さくらいうどん

燙高麗菜的創始店，菜單只有「湯麵」與「沾麵」，相當簡潔。也有能夠吃兩種互相比較的半碗分量。

📞0555-22-2797
🕐10:00〜14:30（售完打烊）
所山梨縣富士吉田市下吉田5-1-33 🚃富士急行富士山站車程5分
🅿5輛
MAP P.99 C-3

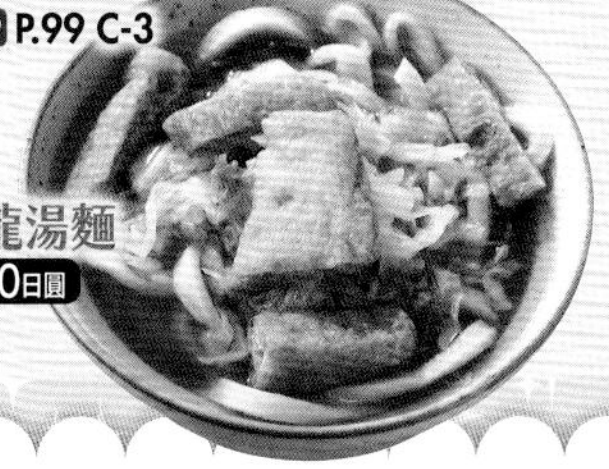

烏龍湯麵 350日圓

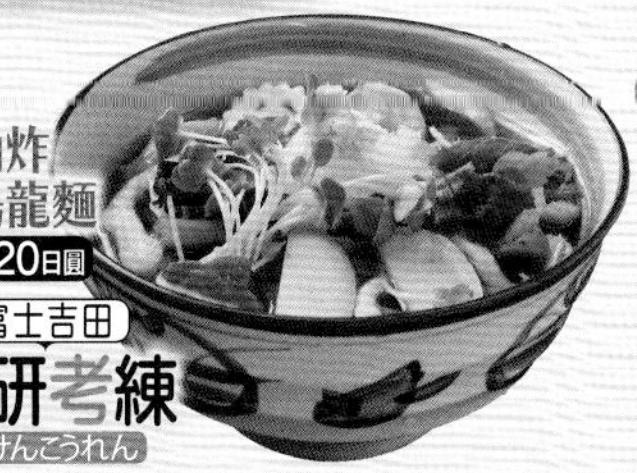

油炸烏龍麵 520日圓

[富士吉田] 研考練
★けんこうれん

烏龍麵偏軟，但有獨特的彈性。獨創的油炸烏龍麵帶著酥脆又軟Q的新口感。

📞0555-22-4649
🕐11:00〜14:30左右（夜間營業需洽詢）休不定休 所山梨縣富士吉田市上吉田2-6-21 🚃富士急行富士山站即到
🅿2輛
MAP P.99 B-3

[富士吉田] 麵'ズ富士山 本店
★めんズふじやまほんてん

在自營的製麵所製作的麵條彈性佳又軟Q。用小魚乾和鰹魚提煉而成、味噌與醬油的湯底也很受歡迎。

📞0555-24-1608
🕐11:00〜14:00 休週二（逢假日則營業）所山梨縣富士吉田市上吉田熊穴4419-6 🚃富士急行富士山站車程6分 🅿30輛
MAP P.99 B-3

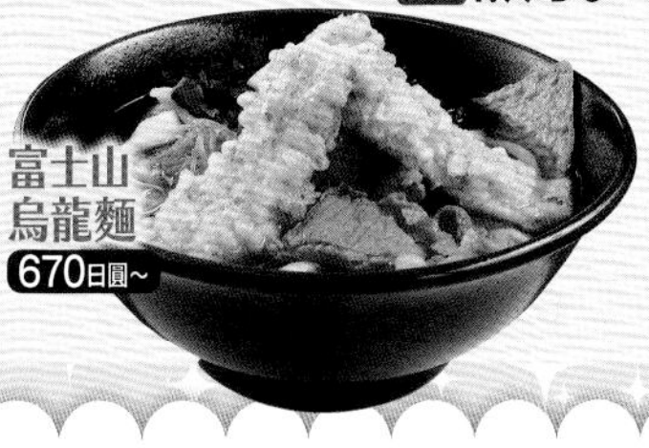

富士山烏龍麵 670日圓〜

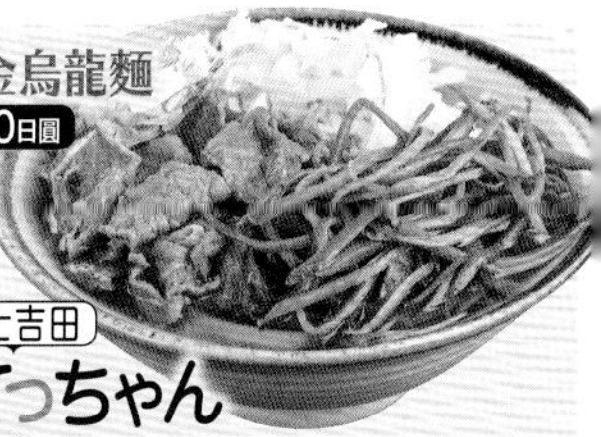

肉金烏龍麵 550日圓

[富士吉田] てっちゃん

麵條使用富士的地下河水每天手製而成。菜單選項豐富，推薦菜色是放上牛肉與金平牛蒡的肉金烏龍麵。

📞0555-24-2794
🕐11:00〜14:00（週六、日、假日〜15:00，售完打烊）休週四（逢假日則營業）所山梨縣富士吉田市上吉田5583-3 🚃富士急行富士山站搭乘往旭日丘・內野方向巴士6分，淺間神社前下車，步行5分 🅿17輛
MAP P.99 B-4

ほうとうの店 春風
★ほうとうのみせはるかぜ

（湯）頭以店家自製的味噌為基底，並使用當地採收的當季蔬菜製成的餺飥，是店家的得意之作。豬肉韓式泡菜口味、咖哩口味，以及添加山野菜等等口味的餺飥，客人可以坐在下嵌式座位的榻榻米上盡情享用。

☎0555-76-6781
🕐11:00～22:00 休週四不定休 所山梨縣富士河口湖町河口770-7 🚌富士急行河口湖站搭乘河口湖周遊巴士18～23分，河口湖美術館下車，步行3分 🅿10輛
MAP P.98 C-1

不動餺飥
1080日圓
◎有南瓜、白菜、山野菜等豐富配料令人開心

燉煮蔬菜的鮮味擴散至湯頭中

豬肉韓式泡菜餺飥
1500日圓
◎用豬肉與韓式泡菜改造成現代風的餺飥

店家自製的味噌是美味的關鍵！

甲州鄉土料理特徵是擀成扁平的麵條
據說是武田信玄公在戰陣之中吃的食物，從此生根傳下。做法是把扁平的生麵和蔬菜一起放進備好的味噌湯中燉煮。流行使用的蔬菜是有甜味的南瓜。

山梨餺飥
從信玄公的時代傳承至今的傳統美食

也試試可以變好吃的特製辣味吧！

店員 木下先生

〔河口湖〕
名物ほうとう 不動 東戀路店
★めいぶつほうとうふどうひがしこいじてん

（以）雲朵為主題圖案的純白外觀令人印象深刻，是「ほうとう不動」的4號店。因為為店家自傳美味，餺飥菜色只有1種。請慢慢品嘗店家自信的一碗麵吧。

☎0555-72-8511
🕐10:30～20:00（售完打烊，傍晚以後需洽詢）休無休 所山梨縣富士河口湖町船津東戀路2458 🚌富士急行河口湖站車程7分 🅿70輛
MAP P.99 A-3

◎像雲朵造型的藝術店面

〔河口湖〕
甲州ほうとう 小作 河口湖店
★こうしゅうほうとうこさくかわぐちこてん

（可）以在民間藝術風的寧靜店內品嘗餺飥。備有樸素又醇厚的經典南瓜餺飥，以及滿滿紅豆的紅豆餺飥等等，大概有10種餐點。

☎0555-72-1181
🕐11:00～20:50（12～3月～20:20）休無休 所山梨縣富士河口湖町船津1638-1 🚌富士急行河口湖站搭乘河口湖周遊巴士3分，役場入口下車，步行7分 🅿70輛
MAP P.98 B-3

像甜點的新感覺餺飥

紅豆餺飥
1150日圓
◎加入麵取代年糕，善哉紅豆湯風的餺飥

這個也很推薦！

王妃喜愛的西洋餺飥套餐
1500日圓

〔河口湖〕
Le Rivage
★ル・リバージュ

位於河口湖音樂盒之森的餐廳。以番茄為基底的罕見西洋風餺飥廣受好評。可以品嘗類似義大利麵口感的軟Q麵條。

☎0555-20-4111（河口湖音樂盒之森）
🕐9:00～17:30 休無休（冬季有休館日）¥河口湖音樂盒之森的入館費（大人1500日圓）需另計 所山梨縣富士河口湖町河口3077-20 河口湖音樂盒之森內 🚌富士急行河口湖站搭乘河口湖周遊巴士19～24分，河口湖オルゴールの森美術館前下車即到 🅿300輛
MAP P.98 C-1

〔山中湖〕
大豐
★たいほう

使用當地食材的創作和食店。由鯛魚提煉的上等高湯，再添加烤雞翅的豪華版餺飥是人氣餐點。

☎0555-62-4650
🕐11:30～14:00（週六、日、假日～15:00）、17:30～21:00 休週一（逢假日則翌日休）所山梨縣山中湖村山中865-919 🚌富士急行富士山站往山中湖方向巴士22分 花の都公園入口下車，步行10分 🅿10輛
MAP P.98 B-4

鹽餺飥
1200日圓

庄屋鴨餺飥鍋
1580日圓

〔河口湖〕
庄屋乃家
★しょうやのいえ

可以使用餐桌的爐子，在眼前邊吃邊煮餺飥。釀造2年的自製味噌是美味的關鍵。

☎0555-73-2728
🕐11:00～20:30 休無休 所山梨縣富士河口湖町小立3959-1 🚌富士急行河口湖站車程10分 🅿20輛
MAP P.94 D-2

〔精進湖〕
いろいろ料理 ことぶき
★いろいろりょうりことぶき

位於精進湖畔的餐廳，有加入中藥的藥膳餺飥、冷青竹餺飥等等，能品嘗有個性的菜色。

☎0555-87-2303
🕐9:00～18:30 休週二（5～11月週二不定休）所山梨縣富士河口湖町精進1049 🚌富士急行河口湖站搭乘往本栖湖方向巴士35分，精進下車即到 🅿40輛
MAP P.99 A-1

藥膳餺飥
1680日圓

也推薦新美食

使用特產埃及國王菜的健康餃子

＊裾野水餃

把裾野市特產的蔬菜、埃及國王菜揉進皮裡，營養充足又口味清爽的水餃。軟Q的皮裡也加了當地產的茶葉。

［裾野］
和風レストラン みよし
★わふうレストランみよし

裾野水餃（醬油） 626日圓

☎055-993-5555
🕙11:00～14:00，17:00～21:30 休無休
所静岡縣裾野市御宿136-1 JR岩波站車程5分
P60輛 MAP P.96 E-3

品嘗番茄湯頭的新感覺沾麵

＊富士日式拿坡里義大利沾麵

特徵是以番茄醬為基底的雙料湯頭。上面的配料各家店有不同的搭配。

🕙元祖富士日式拿坡里義大利沾麵。加麵180日圓，含櫻花蝦的加麵230日圓

［富士］
喫茶 アドニス
★きっさアドニス

日式拿坡里義大利沾麵（中）1200日圓（大）1250日圓

☎0545-52-0557
🕙11:00～18:00（日式拿坡里義大利沾麵11:30～售完打烊）休週二
所静岡縣富士市吉原2-3-16 岳南電車吉原本町站步行10分 P40輛 MAP P.97 C-3

改造精進湖地區的鄉土料理

＊精進粥

自古在精進湖周邊傳承至今，在粥中加入豆餅的傳統食物，以此為基礎想出的菜色。令人放鬆有益身體健康的風味。

［精進湖］
ニューあかいけ

精進粥 850日圓

☎0555-87-2351 🕙9:00～17:00 休無休
所山梨縣富士河口湖町精進550-11 富士急行河口湖站搭乘往本栖湖・新富士駅方向巴士30分，赤池下車即到 P30輛 MAP P.99 B-1

使用在天然水中成長的鱒魚製成的日式炊飯

＊富士鱒魚飯

把成長於富士天然水中的鱒魚裹米粉油炸，再製成日式炊飯的當地美食。也能添加調味料或做成高湯茶泡飯享受口味變化。（需預約）

御膳富士鱒魚飯 1400日圓

［河口湖］
長濱旅館Diningさくら
★ながはまりょかんダイニングさくら

☎0555-82-2128 🕙11:00～14:00，18:00～22:00 休不定休 所山梨縣富士河口湖町長浜795-1 富士急行河口湖站搭乘西湖民宿方向巴士15分，長浜下車即到 P30輛 MAP P.98 A-2

還在進化中！富士山造型美食

味道和分量都是富士山級的海鮮蓋飯！

日本一

老闆 堀內先生

也推薦當季的單品料理！

［御殿場］
すしぎん

除 駿河灣的鮮魚外，可以品嘗當季的新鮮海產。放上富士山造型海苔的海鮮蓋飯有大塊的魚片，分量滿分。由經驗豐富的老闆製作的各種和食菜色也很受歡迎。

鮪魚醃漬蓋飯富士盛 1520日圓（稅另計）

☎0550-89-6671
🕙11:30～21:30（22:00打烊）休週二 所静岡縣御殿場市萩原992-501 JR御殿場站車程10分 P18輛 MAP P.96 E-1

↑除了小型日式座位與餐桌座位外，也有寬敞的榻榻米房間

↑呈現御殿場所見的夕陽染紅的富士山

［富士］
田子の浦港漁協食堂
★たごのうらこうぎょきょうしょくどう

在 漁業工會的用地裡，可以品嘗大清早剛從船上卸貨的魩仔魚。透過「單拖網」的捕魚方法，可在活魚狀態下急速冷凍，因此新鮮非凡。伴著漁港的風景來品嘗美食吧。

☎0545-61-1004
（田子之浦漁業工會）
🕙4月1日～12月28日，10:30～13:30（售完打烊）休不定休（需洽詢，暴風雨時）所静岡縣富士市前田新田866-6 JR富士站車程15分 P40輛 MAP P.97 C-4

赤富士蓋飯 750日圓
↑使用特製醬油加上醃漬的較大魩仔魚

把早晨捕獲的魩仔魚盛得滿滿像富士山

肉質緊實的生魩仔魚蓋飯富士山盛 850日圓
↑白色的鹽水燙魩仔魚彷彿富士山頂的雪

挑戰獨特又嶄新的當地美食！

富士山位於山梨縣與靜岡縣，在這裡陸續誕生了外觀有趣的富士山主題名產美食。來享用美味的富士山填滿肚子，當作旅行的回憶吧！

↑可以感受海風的漁港也看得見富士山

富士山可樂餅 1個120日圓
↑使用甲州富士櫻豬肉和日本馬鈴薯

富士櫻豬肉的絕品可樂餅

［富士吉田］
大西肉店 竜ヶ丘本店
★おおにしにくてんたつがおかほんてん

昭 和10（1935）年創業的老牌精選肉店。販售甲州葡萄酒牛等名牌肉品，以及山梨傳統的生馬片、家常菜等等。手工製的可樂餅也很推薦當作伴手禮。

☎0555-24-0024 🕙10:00～19:00 休無休
所山梨縣富士吉田市竜ヶ丘2-6-7 富士急行富士急樂園站步行10分 P7輛 MAP P.99 B-2

［河口湖］
SYLVANS
★シルバンズ

這 間餐廳可以品嘗到用富士山天然水釀造的富士櫻高原啤酒。適合搭配啤酒的餐點豐富。放上黏稠雞蛋的富士山蛋包牛肉燴飯是人氣餐點。

☎0555-83-2236
🕙11:30～14:30，17:30～21:00（冬季有變動）休週四（繁忙期除外）所山梨縣富士河口湖町船津剣丸尾6663-1 富士急行河口湖站搭乘接駁巴士10分 P350輛 MAP P.99 A-4

鬆軟黏稠雞蛋的招牌蛋包飯

富士山蛋包牛肉燴飯 1296日圓
↑重點是淋上看似雪的白醬

各區域 美食導覽

前往山麓城鎮的名店！

富士五湖的淡水魚、朝霧高原的蔬菜與畜產品，以及駿河灣的海鮮等等，富士山的山麓有許多大自然恩賜的食材。來享用廚師較量手藝製作的講究口味吧！

座落於河口湖畔的宅邸餐廳

強力推薦！
燉牛肉套餐 **2900日圓**
1天限定5份。使用甲州葡萄酒牛燉煮的菜餚。附沙拉、麵包or白飯、飲料

洋食
Cafe MIMI
カフェ ミミ

以眺望景致自豪的餐廳沿著河口湖湖畔的散步道興建，可以望見漂亮的富士山。在美麗的自然中，品嘗講究素材的料理。使用滿滿當季水果的甜點，以及多達40種的花草茶也很受歡迎。

MAP P.98 C-1

↑開放自己的住宅，氣氛優雅的餐廳

☎0555-76-6669 🕙10:00～18:00 休週三（逢假日則營業）所山梨縣富士河口湖町河口3033 🚃富士急行河口湖站搭乘河口湖周遊巴士19～24分，猿まわし劇場木の花美術館，步行5分 P5輛

在湖畔品嘗第三波咖啡

強力推薦！
咖啡 **480日圓**
三明治 **1000日圓**
手沖濾泡式咖啡與三明治，美式分量也很有飽足感

咖啡廳
CISCO COFFEE
シスココーヒー

使用舊金山的烘豆機烘焙的咖啡豆，精心濾泡。使用美國西海岸方式沖泡的講究咖啡，想搭配三明治或蛋糕一起品嘗。

MAP P.98 B-2

☎0555-73-4187 🕙9:30～16:00 (17:00打烊) 休週三 所山梨縣富士河口湖町小立927-1 🚃富士急行河口湖站搭乘河口湖周遊巴士13分，河口湖ミューズ館下車即到 P7輛

↑可以在時尚的店裡慢慢放鬆休息

洋食
Happy Days Cafe
ハッピーデイズカフェ

河口湖北原博物館附設的咖啡廳。店裡滿滿都是可愛的玩具。漢堡肉、炸豬排三明治、咖哩等等的菜色也很豐富，可以一邊眺望河口湖一邊享用午餐。露天雅座可以帶寵物。

MAP P.98 C-2

☎0555-83-3321 🕙10:00～17:00(視時期而異) 休無休 所山梨縣富士河口湖町小立1204-2 🚃富士急行河口湖站搭乘河口湖周遊巴士或西湖、青木原周遊巴士7～12分，河口湖ハーブ館下車即到 P150輛(利用大池公園公共停車場)

↑在明亮的店裡度過舒暢的時光

有美味洋食的人氣咖啡廳

強力推薦！
法式多蜜醬起司漢堡肉 **1270日圓**
使用獨創法式多蜜醬的漢堡肉與起司是絕配

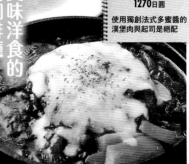

品嘗充滿度假區感覺的人氣店家與當地名店

河口湖・富士吉田
かわぐちこ・ふじよしだ

在人氣很旺的河口湖畔度假區，散布著能品嘗到歐洲、夏威夷料理的時尚店家。在富士吉田，除了深受當地喜愛的蕎麥麵與咖哩之外，也能嘗到使用富士山的名水製成的當地啤酒。

西湖・本栖湖・精進湖 ／ 河口湖・富士吉田 ／ 山中湖 ／ 朝霧高原・富士宮 ／ 御殿場 ／ 清水 ／ 沼津・三島

搭配嚴選食材的餐點
當地啤酒一杯接一杯！

※照片為示意圖。
內容視季節變更

洋食
FUJIYAMA BEER
ビールアンドレストランふじやまビール

位於富士吉田公路休息站的咖啡廳餐廳。使用富士山的名水釀造的當地啤酒，直通釀造所剛做好，品質新鮮。搭配啤酒的餐點就不用說了，還能盡情享用使用新鮮蔬菜與嚴選食材製成的料理。

MAP P.99 C-4
☎0555-24-4800
⌚11:00～20:00（視時期有變動） 休不定休 所山梨縣富士吉田市新屋1936 圓從富士急行富士山站搭乘往旭日丘·內野方向巴士10分，サンパークふじ前下車即到 P150輛

強力推薦！
Harves午餐
1230日圓
主菜為肉或魚，附湯、沙拉、小菜，分量滿點的餐點

↻製法傳承自德國的當地啤酒

日本料理・居酒屋
糸力
いとりき

中午可以品嘗咖哩與40種定食，晚上則是經營居酒屋。備有約80種的當地酒，使用當季素材的下酒菜也有約100種，品項豐富完備。請務必嘗嘗獲得糸井重里先生盛讚、風味深厚的椰奶咖哩。

MAP P.99 C-3
☎0555-22-8032 ⌚11:30～13:30、17:30～22:00（週二只有中午營業） 休週三 所山梨縣富士吉田市下吉田5-11-15 圓富士急行富士山站步行10分 P8輛

白天提供咖哩
晚上是提供地酒的名店

強力推薦！
椰奶咖哩
700日圓（中午）、850日圓（晚上）
善用椰奶與辛香料的人氣咖哩

↻插畫別有風味的門簾是醒目標記

蕎麥麵・居酒屋
手打ちそば 而今庵
てうちそばにこんあん

在烏龍麵的城鎮富士吉田也有高人氣的蕎麥麵名店。嚴選八岳山麓產的蕎麥粉，由老闆每天手擀。香味與甜味四溢的蕎麥麵，中午可品嘗蕎麥麵午餐；晚上則可和當季的單品菜一同享用。

☎0555-22-9737 ⌚11:30～14:00、17:30～21:30（22:00打烊） 休週四 所山梨縣富士吉田市下吉田2-14-27 圓富士急行月江寺站步行10分 P7輛

MAP P.99 C-2

↻人氣菜色的高湯蛋捲 648日圓

強力推薦！
手擀蕎麥麵
756日圓～
用富士山泉水製成的蕎麥麵條相當有嚼勁，滋味豐富。請務必嚐嚐這講究的味道

大啖用富士山的泉水製成的蕎麥麵

富士山美景與香草香氣

MAP P.98 B-2
☎0555-73-3338 ⌚11:30～14:30 休不定休 所山梨縣富士河口湖町船津1200-1 圓富士急行河口湖站步行15分 P20輛

自然食
ハーブガーデン 四季の香り
ハーブガーデンしきのかおり

在義大利麵、漢堡肉、嫩煎肉等等的料理中，大量使用附設香草花園早晨現採的無農藥花草。花草自然不用說，醬料與調味醬汁也是講究的店家自製，全部都是親手製作。

強力推薦！
和風漢堡肉排
1620日圓
100%使用甲州葡萄酒牛。套餐附沙拉、白飯or麵包、飲料

↻從照進陽光的大窗戶可以眺望富士山的絕景

夏威夷料理
網燒HANA
あみやきハナ

主題是「在河口湖飄出夏威夷香氣的店」。居家舒適的氣氛很棒，可以一邊用餐，一邊從正面眺望湖泊與富士山。除了甲州產的麥芽牛肉、山梨縣產的紅豬等等的網烤肉以外，也推薦4種石頭烤肉菜色。

MAP P.98 C-2
☎0555-73-4129 ⌚11:30～14:00、17:30～21:00 休週三 所山梨縣富士河口湖町淺川205-1 圓富士急行河口湖站搭乘往蘆川、甲府駅方向巴士5分，淺川溫泉街下車即到 P10輛

感受夏威夷風格的燒肉店

↻甜點類的自製蛋糕也很有人氣

強力推薦！
石燒夏威夷漢堡肉SET 1260日圓
把半熟蛋和醬汁混合鍋巴品嘗。附沙拉、湯、甜點

強力推薦！
每日法國定食
1200日圓（稅另計）
（附自製小麵包＋咖啡）
圖片是烤嫩雞胸肉。＋600日圓附前菜or甜點。兩種皆附為2400日圓

輕鬆品嘗優質的法國菜

法國菜
フランス料理店 CHEVAL
フランスりょうりてんシュヴァル

2003年創業以來，深受當地喜愛的法國菜小餐廳。概念是穿便服就能享用的「日常法國菜」，由曾在日本大使公邸擔任廚師的主廚掌廚。適當的分量與高級的法國菜，也很受獨自用餐者歡迎。

↻木質裝潢的店裡氣氛寧靜

MAP P.99 C-3
☎0555-23-5680 ⌚11:30～14:00（15:00打烊）、18:00～20:00 休不定休（需洽詢） 所山梨縣富士吉田市上吉田6107-10 圓富士急行富士山站車程5分 P10輛

最後一口都還溫熱的燉肉廣受好評

強力推薦！
燉牛肉套餐
2700日圓（單點2300日圓）
店裡最受歡迎的菜色。滿滿都是燉軟到快融化的肉

↪充滿木質暖意的舒適店內

洋食
煮込みStewの店 Casserole
にこみシチューのみせキャセロール

燉煮肉與蔬菜，不斷加入醬汁反覆燉煮而成的自豪燉菜。強力鎖住滿滿的鮮味與濃醇口味，口感爽快令人印象深刻。因為店家提供了特製的蒸鍋，很開心吃到最後一口都還是溫的。店裡可帶寵物同行。

MAP P.98 C-4
☎0555-65-6311
🕐11:30～19:00 休週一（8月無休，1～2月有不定休） 所山梨縣山中湖村平野548-104 🚌富士急行富士山站搭乘往平野方向巴士37分，終點下車，步行15分 🅿6輛

自然食
FUJIYAMA KITCHEN
フジヤマキッチン

位於住宿設施PICA山中湖Village內的自然派餐廳。主要使用自家栽培與當地產的蔬菜，豐富多彩的健康菜色廣受好評。在綠意盎然的大自然中，大啖素材原始的味道吧。

MAP P.98 B-4
☎0555-62-4155（PICA山中湖Village） 🕐8:00～20:00（視時期而異） 休週三、四（繁忙期無休） 所山梨縣山中湖村平野506-296 PICA山中湖Village內 🚌富士急行富士山站搭乘往旭日丘方向巴士30分，旭日丘下車即到 🅿19輛

很特別 ↪往高原的風中用餐

強力推薦！
FUJIYAMA KITCHEN **獨創咖哩飯**
1200日圓
以風味豐富的獨創香料製成，加入小扁豆的蔬菜咖哩

有益身體的健康美食

山中湖湖畔的療癒咖啡廳

咖啡廳
Cafe & Auberge 里休
カフェアンドオーベルジュりきゅう

座落於山中湖寧靜湖畔的咖啡廳。除了致力於地產地消的料理，義式甜點也是手工製作，從輕鬆探造喝杯咖啡開始。店名的「里（日文有鄉下之意）」「休息」，顧名思義就是在此悠哉度過時光。

MAP P.98 C-4
☎0555-65-7870 🕐11:00～20:00 休每月有1～2天不定休（夏季無休） 所山梨縣山中湖村平野2408-1 🚌富士急行富士山站搭乘往平野方向巴士40分，平野下車步行20分 🅿6輛

↪從露天雅座可以眺望山中湖

強力推薦！
每週替換的午餐拼盤
1080日圓
附沙拉、飲料的人氣單盤午餐。再加216日圓也附義式甜點

強力推薦！
義大利麵（附沙拉拼盤）**1650日圓～**
披薩（附沙拉拼盤）**1750日圓～**
午餐時間附沙拉拼盤。照片（近前方）是「海鮮小番茄義大利細麵」

在非日常空間大啖義大利菜

義大利菜
Tarte Cafe
タルトカフェ

用顆粒爐的石窯烤成的披薩口感軟Q。蔬菜、水果塔的水果等材料採用許多山梨產的食材。晚上是預約制，以餐廳Booz Cafe的名義營業。

MAP P.98 C-4
☎0555-65-7767 🕐11:00～18:00、18:00～21:00（晚上需預約） 休不定休 所山梨縣山中湖村平野548-133 🚌富士急行富士山站搭乘往平野方向巴士37分，終點下車，步行15分 🅿10輛

在講究的空間品嘗家庭式料理

山中湖
（やまなかこ）

有許多利用古民宅設置露天雅座，或致力於營造氣氛的店家。洋食與義大利菜特別豐富。

西湖・本栖湖・精進湖 ／ 河口湖・富士吉田 ／ 山中湖 ／ 朝霧高原・富士宮 ／ 御殿場 ／ 清水 ／ 沼津・三島

義大利菜
RISTORANTE Parco Del Cielo
リストランテパルコデルチェロ

店名為義大利語「空中庭園」的意思。午餐時間陽光透過樹葉間隙照下，形成安靜的非日常空間。除了義式前菜與義大利麵等單點菜色以外，也有全餐。建議中午、晚上都要先預約。

MAP P.98 C-4
☎0555-62-0603 🕐11:30～14:30、17:00～20:00 休不定休 所山梨縣山中湖村平野2468-1 🚌富士急行富士山站搭乘富士湖號42～58分，ままの森下車即到 🅿15輛

↪好繪繪本中出現的森林餐廳

自製酵母披薩與水果塔很受歡迎

強力推薦！
天然酵母披薩午餐拼盤
（A套餐）**1500日圓**
有披薩和水果塔，附沙拉、咖啡或紅茶的划算套餐

富士山山麓導覽

自然兜風 P.40

人氣景點 P.50

交通工具之旅 P.62

美食

P.70

伴手禮 P.82

溫泉 不住宿 P.84

住宿 P.88

西湖・本栖湖・精進湖

さいこ・もとすこ・しょうじこ

享用山湖恩賜渾然天成的鄉土風味

富士五湖捕獲的西太公魚、鱒魚等河魚，以及鹿肉、山野菜之類的當地食材料理很豐富。務必來嘗嘗只有這裡才能體驗的當季口味。

日本料理／洋食
SUN LAKE
サン・レイク

招牌菜是使用西湖捕獲的紅鮭或西太公魚製成的料理。因為是在限定地點才能捕獲的紅鮭，只在店家獲得超過22cm的魚時，才能嘗到的鹽燒魚是一道絕品。店內寵物OK。也有小屋、簡易平房等住宿設施。

稀少的鹽燒紅鮭是絕品！

強力推薦！
鹽燒紅鮭
1680日圓
外型良好超過22cm的紅鱒到貨時才供應。使用能凸顯鮮味的簡單鹽燒做法

MAP P.99 C-1
☎0555-82-2933 ⏰8:00～19:00 休不定休 所山梨県富士河口湖町西湖2204 富士急行河口湖站搭乘西湖、青木原周遊巴士30分，駒形下車即到 P50輛

📍座落於西湖的湖畔

鄉土料理
松風
まつかぜ

靠近本栖湖，能清晰看見富士山並品嘗鄉土料理的店。蒲燒虹鱒、野豬、鹿肉之類的山肉料理、店老闆從山上採的山野菜等等，可以品嘗豐富的當地土產。沒有腥臭味的新鮮生鹿片也很受歡迎。

MAP P.99 A-2
☎0555-87-2501 ⏰10:00～日落 休不定休（平日需洽詢）所山梨県富士河口湖町本栖120-1 富士急行河口湖站搭乘往本栖湖・新富士駅方向巴士45分，本栖入口下車，步行5分 P20輛

📍可以在面湖的榻榻米房間放鬆

強力推薦！
虹鱒蒲燒定食
1600日圓
用自製烤醬燒烤的本栖湖產蒲燒虹鱒。恰到好處的結實魚肉裹上甜鹹的醬汁

樸素的鄉土料理撫慰心靈

蕎麥麵
彩呼亭
さいこてい

建於西湖湖岸的蕎麥麵店。能品嘗使用八岳山麓的蕎麥粉，製成較細又有彈性的二八蕎麥，以及富含蘆丁，據說可以增進血流順暢、有利健康的韃靼蕎麥。

MAP P.99 C-1
☎0555-82-3144 ⏰11:00～售完打烊 休不定休 所山梨県富士河口湖町西湖761-3 富士急行河口湖站搭乘往西湖民宿方向巴士21分，浅原下車即到 P12輛

📍從店家可以看見漂亮的西湖

強力推薦！
竹筍竹簍
1470日圓
鹽燒山女魚
940日圓
「竹筍竹簍」是竹筍豆腐、小菜、竹簍蕎麥麵的套餐。鹽燒山女魚也是人氣單點菜式

盡情享受眺望西湖與蕎麥麵

鄉土料理
樹林
じゅりん

位在精進Mount Hotel內，也可以只使用餐廳。餺飥使用從種植大豆開始釀造的特製味噌，還有鹿肉咖哩等等，提供講究的鄉土料理。新鮮的炸西太公魚，配檸檬或鹽就能簡單食用。

MAP P.99 A-1
☎0555-87-2200
（精進Mount Hotel）
⏰10:00～15:00 休不定休 所山梨県富士河口湖町精進301 精進Mount Hotel內 富士急行河口湖站搭乘往本栖湖・新富士駅方向巴士36分，ふじみ荘前下車即到 P50輛

📍明亮寬敞的店內可以舒適放鬆

西湖・本栖湖・精進湖 河口湖・富士吉田 山中湖 朝霧高原・富士宮 御殿場 清水 沼津・三島

在飯店品嘗鄉土美味午餐

強力推薦！
西太公魚定食
1800日圓
炸得酥脆又非常新鮮的西太公魚。一口大小適於入口，口味也很清淡

強力推薦！
親子蓋飯
1100日圓
使用高原紅葉蛋，特徵是滑溜的
蛋白與濃厚的蛋黃

在牧場品嘗頂級
的雞蛋親子蓋飯

裝滿山林恩賜，
香氣豐富的十割蕎麥

強力推薦！
竹篩蕎麥麵
（附當地產生山葵）**920日圓**
使用當地產的生山葵，襯托出
蕎麥麵的風味

盡情享用生產量日本第一的虹鱒與高原的畜產品

朝霧高原·富士宮

あさぎりこうげん・ふじのみや

富士宮的炒麵很有名，但其實富士宮的養殖虹鱒生產量也號稱日本第一。此外，朝霧高原盛行畜牧業，也有能品嘗優質肉品和乳製品的美食主題公園。

（地圖略）
西湖·本栖湖·精進湖　河口湖·富士吉田
山中湖
朝霧高原·富士宮　御殿場
清水　沼津·三島

享用最高級的
新鮮虹鱒料理

日本料理
富士牛奶樂園
ふじミルクランド

餐廳位於可以體驗擠牛奶、山羊散步、做奶油等的觀光牧場裡。使用朝霧高原的高原紅葉蛋製成的親子蓋飯，以及高原蔬菜的咕嚕咕嚕咖哩都是人氣餐點。露天雅座可以帶著愛犬一起用餐。

MAP P.101 C-4

☎0544-54-3690
🕘9:00～16:00　休無休
所靜岡縣富士宮市上井出3690
🚌JR富士宮站車程20分　P200輛

↑也順道探訪位於園內的義式冰淇淋工作室吧

蕎麥麵
甘味そば処 さゝみ乃
かんみそばどころささみの

只用富士山的地下河水與八岳的蕎麥粉，不用增黏配料製成的十割蕎麥麵。口感良好，在山葵田種植的本山葵口感清爽，更突顯出蕎麥麵的風味。也有店家自製的涼粉、蜜豆等等。

↑圓木小屋風的
建築物引人目光
MAP P.101 B-3

☎0544-52-0123　🕘11:00～15:00
（售完打烊）　休週二、三（逢假日則營業，1～2月只有週六、日、假日營業）
所靜岡縣富士宮市猪之頭1337-11
🚌JR富士宮站搭乘往猪之頭方向巴士51分，終點下車，步行15分　P11輛

日本料理
ままん

由販售虹鱒燻製品等富士宮名產的廉太郎所直營。用秘傳的醬汁醃漬，奢侈盛滿最高級虹鱒肉與鹹鮭魚子的蓋飯廣受好評。此外，也能享用富士宮炒麵、使用朝霧高原牛奶製成的牛奶拉麵等等的當地美食。

MAP P.100 B-2

☎0544-29-6288　🕘11:00～15:00、17:00～20:00　休週三（逢黃金週、盂蘭盆節則營業）　所靜岡縣富士宮市大宮町5-17　🚌JR富士宮站步行7分　P無

↑能享用豐富富士宮特有
美食的人氣店家

強力推薦！
虹鱒的一生蓋飯
1200日圓（需預約）
在靜岡縣產的飽滿越光米上，豪
爽放上虹鱒肉與鹹鮭魚子

盡情享用豐富多彩的富士山麓美食！
朝霧FOOD PARK

集結從事這個地區餐飲的6家公司，有牛奶、甜點、酒等等的工場區。除了品嘗當地美食，也能參觀農產品加工、採用最新技術的製造過程，以及享受購物樂趣。毗鄰朝霧高原公路休息站，眼前聳立著雄偉的富士山。

MAP P.95 B-3

☎0544-29-5101
🕘9:00～17:00（11～2月9:30～16:30）　休11～2月的週四　所靜岡縣富士宮市根原449-11　🚌JR富士宮站往河口湖方向巴士37分，道の駅朝霧高原下車即到　P70輛

↑占地內各家店的建築物分別林立，各設施可以無障礙參觀工作室

↑朝霧牛奶工
房的朝霧牛奶
霜淇淋400日
圓

↑可以在甜品
店かくたに芋
工房買到的紅
東地瓜條
130g432日圓

↑お茶工房富士園販售茶葉
或茶製成的點心

來這裡用餐！

ビュッフェレストラン ふじさん

能以自助餐形式享用約50種菜色的餐廳。希望能讓廣泛年齡層的人都感受到素材原始的味道，精心手工製作的料理一應俱全。朝霧高原採收的當季蔬菜也很有魅力。

↑來品嘗各種蔬菜，還有品牌豬肉朝霧優格豬等等美食吧！

☎0544-29-5501　🕘10:30～14:30　休不定休　¥自助餐（70分）2200日圓　所靜岡縣富士市根原449-10 朝霧FOOD PARK內

富士山山麓導覽

自然兜風
P.40

人氣景點
P.50

交通工具之旅
P.62

美食

P.70

伴手禮

P.82

溫泉不住宿

P.84

住宿

P.88

御殿場
ごてんば

拜訪座落於市郊的人氣店家

保留豐富自然，能大啖當地食材的城鎮。在稍微遠離繁華街的隱匿店家，大啖當地人喜愛的風味。

西湖・本栖湖・精進湖　河口湖・富士吉田　山中湖　朝霧高原・富士宮　御殿場　清水　沼津・三島

洋食

BISTRO KABOCHA NO NABE
ビストロかぼちゃのナベ

最有人氣的餐點是10小時蛋包飯。燉煮10小時的燉牛頰肉，與柔軟濃醇的雞蛋融為一體，吃一口嘴裡就會有輕柔化開的感覺。午餐還有4種10小時蛋包飯。

燉日本產牛頰肉與柔軟的雞蛋融為一體

強力推薦！
10小時蛋包飯套餐
1500日圓
點餐率超過9成，大受好評的蛋包飯人氣套餐

MAP P.100 B-3
☎0550-82-9950　⏰11:00～14:00、18:00～22:00　休週三（逢假日則翌日休，逢黃金週、盂蘭盆節則營業）所靜岡縣御殿場市新橋1969-1　🚃JR御殿場站步行3分　🅿4輛

參觀酒廠的行程也值得注目！

KIRIN DISTILLERY
富士御殿場蒸餾所

釀造麥芽威士忌與穀物威士忌，從下料到裝瓶進行一貫作業，是世上也罕見的蒸餾所。參觀行程中，有光雕投影與香氣展間等豐富的展示！參觀後可以試喝，並享受限定商品的購物樂趣。

⬆用於蒸餾麥芽威士忌的單式蒸餾器

⬆也能買到限定威士忌

MAP P.94 E-4
☎0550-89-4909　⏰9:00～15:20（16:30打烊）
休週一（逢假日則翌日平日休）　🈚免費
所靜岡縣御殿場市柴怒田970
🚃JR御殿場站搭乘往山中湖、河口湖駅方向巴士20分，水土野下車，步行10分　🅿15輛

⬆光雕投影具震撼力的影像，傳遞富士御殿場蒸餾所的魅力

洋食

くいしんぼ五味
くいしんぼごみ

使用老闆親自嚴選的駿河灣海鮮、御殿場產的金華豬等素材。搭配新鮮的本地蔬菜製成正統的歐風料理。葡萄酒、威士忌、燒酒等等的酒類也備齊多種品項。

⬆獨棟餐廳的配色宛如童話故事

嚴選素材的正統歐風料理

強力推薦！
5種蔬菜拼盤
1500日圓（只限平日）
限定1天15份的午餐套餐。附麵包、湯、飲料、甜點

MAP P.96 E-1
☎0550-80-5353　⏰11:00～14:00、17:00～20:30　休週二、第3週三（逢黃金週、盂蘭盆節則營業）
所靜岡縣御殿場市萩原992-577
🚃JR御殿場站車程15分　🅿10輛

大啖細煮慢熬的頂級風味

強力推薦！
燉牛肉
2300日圓
附湯、沙拉、白飯、麵包、咖啡，能了剩下的醬汁，可以沾店家自製麵包品嘗到最後

🕐店裡播放爵士樂或古典樂，可以悠閒度過時光

洋食

九良左衛門
くろうざえもん

反覆燉煮蔬菜與牛小腿肉再過濾，費時1個半月製成的多蜜醬是美味關鍵。和牛軟到可以用筷子夾開；蔬菜和米是自家種植；麵包、調味醬料也是店家自製。是很多追求美味料理的常客經常去的人氣店家。

MAP P.100 A-3
☎0550-89-6666
⏰11:30～14:00、17:30～20:30　休週四
所靜岡縣御殿場市北久原113-1
🚃JR御殿場站車程7分
🅿40輛

沼津港的新鮮海鮮、
享用剛烤好的美食！

海鮮
浜燒きしんちゃん
はまやきしんちゃん

可以品嘗用爐子烤鮮海螺、扇貝、蛤蜊等食材的濱燒店。也有從駿河灣抓來的深海魚，除了濱燒以外，也能享用生魚片、魚乾、炸物等多種變化。

MAP P.101 A-4
☎055-954-0605 ⏰11:00～21:00 休無休 所靜岡縣沼津市千本港町83 ⊞JR沼津站搭乘往沼津港巴士方向15分，終點下車，步行5分 P51輛（港八十三番地第1、第2停車場）

強力推薦！
先上3種貝拼盤
1026日圓
海螺、蛤蜊、扇貝組成的套餐，是最有人氣的餐點。

沼津・三島
ぬまづ・みしま

享用魚乾與鰻魚等豐富多彩的海鮮料理

沼津是日本擁有大規模魚乾生產量而聞名的漁港，港口的食堂不僅有魚乾，也能品嘗新鮮的鮮魚和炸物。另一方面，東鄰的三島名產是鰻魚，有許多專賣店。

海鮮
沼津魚市場食堂
ぬまづうおいちばしょくどう

早晨在魚市場採購後供應餐點的食堂。位於魚市場INO的2樓，推薦能瞭望狩野川的窗邊餐桌座位。

MAP P.101 A-4
☎055-954-3704 ⏰10:00～14:30 休週二（逢假日則營業） 所靜岡縣沼津市千本港町128-3 INO魚食館2F ⊞JR沼津站搭乘往沼津港方向巴士15分，終點下車即到 P60輛

強力推薦！
駿河灣定食
1940日圓
駿河灣才有的風味。味噌湯可以加350日圓換成魚骨湯

享用新鮮的生魩仔魚和櫻花蝦

天麩羅
とらてん

把也能當生魚片吃的新鮮魚、當地的蔬菜，現炸成天麩羅再享用。店裡的樸實氣氛很像漁夫城鎮的居酒屋。

MAP P.101 A-4
☎055-951-7242 ⏰11:00～21:00 休無休 所靜岡縣沼津市千本港町83-1 港八十三番地內 ⊞JR沼津站搭乘往沼津港方向巴士15分，終點下車，步行5分 P29輛（港八十三番地內停車場）

☞海鮮炸什錦蓋飯1380日圓～

由新鮮材料做成鬆脆的天麩羅

強力推薦！
沼津深海天蓋飯
1058日圓
把深海魚半帶水珍魚和大眼青眼魚做成熱呼呼的天麩羅。百搭的醬汁襯托出魚的美味

強力推薦！
真竹筴魚乾定食
540日圓
用不可置信的低價就能品嘗到竹筴魚的魚乾，分量大又熱呼呼

對錢包友善的魚乾定食很豐富

☞白飯、味噌湯都能自由續加的人氣店家

海鮮
港食堂
みなとしょくどう

由創業超過100年的魚乾製造公司所直營。推薦便宜美味的魚乾定食，以及可以同時享用7種新鮮海鮮製成的蓋飯、茶泡飯的「港ひつまぶし」。

MAP P.101 A-4
☎055-962-2800 ⏰10:00～15:00（週六、日、假日9:00～、商品銷售9:00～17:00） 休第2、4週二 所靜岡縣沼津市千本港町128-1 沼津みなと新鮮館內 ⊞JR沼津站搭乘往沼津港巴士15分，終點下車即到 P50輛（沼津みなと新鮮館）

務必嚐嚐超乎想像的分量

海鮮
魚河岸 丸天 みなと店
うおがしまるてんみなとてん

以便宜價格且驚人的分量，供應從沼津漁船卸貨、超級新鮮的海鮮。愛好者從觀光客到當地人、市場相關人士都有，範圍廣泛。海鮮炸什錦在點餐後才會一個個精心油炸。

MAP P.101 A-4
☎055-954-1028 ⏰10:00～21:00 休週四（逢假日則前日休） 所靜岡縣沼津市千本港町100-1 ⊞JR沼津站搭乘往沼津港方向巴士15分，終點下車，步行5分 P450輛（Minato Parking）

強力推薦！
海鮮炸什錦蓋飯
（附魚骨湯）**1188日圓**
可以算是真正的廚師手藝，丸天的炸什錦不僅外觀漂亮，味道也好吃得令人驚嘆

鰻魚
うなよし

能在老店品嘗人氣的三島名產、沒有腥味的鰻魚。使用從地下40m抽取有化妝水之稱的三島地下水。

MAP P.96 E-4
☎055-975-3340 ⏰11:00～售完打烊 休週四（逢假日則營業） 所靜岡縣三島市綠町21-6 ⊞伊豆箱根鐵道三島廣小路站步行6分 P26輛

號稱60年歷史的鰻魚料理專賣店

強力推薦！
鰻魚蓋飯（中）**3500日圓**
稍微蒸熟，用帶點甜味的醬汁製成，融合關東與關西優點的獨特蒲燒鰻魚廣受好評

80

剛捕獲的豐富多彩海產活蹦亂跳

清水 しみず

以鮪魚的捕獲量知名的清水港，和以櫻花蝦聞名的由比漁港，清水是擁有這些漁業的城區。來盡情品嘗活蹦亂跳的新鮮海鮮吧。

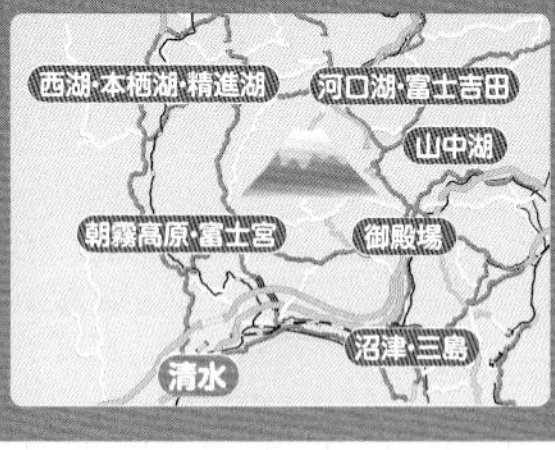

西湖・本栖湖・精進湖
河口湖・富士吉田
山中湖
朝霧高原・富士宮
御殿場
沼津・三島
清水

滿載鮪魚魅力的名店

強力推薦！
各部位南方黑鮪魚
12000日圓
大腹、中腹、背腹、剝（筋與筋之間的肉），還有紅肉，只有購買整條魚的店家才能享用到這道菜。喜歡鮪魚的人一定要嘗嘗看

海鮮
末廣鮨
すえひろずし

以南方黑鮪魚為首，追求當地捕獲魚貨的縣內民眾就不用說了，日本全國各地的美食家都會前來。店鋪隔壁的いなりやNOZOMI的豆皮壽司很適合帶回去吃。

↑也有慶祝宴席用的客房

MAP P.101 A-1
☎054-366-6083 L11:30～22:00（打烊） 休週三、其餘不定休 所靜岡縣靜岡市清水区江尻東2-5-28 🚃JR清水站步行8分 P15輛

海鮮
みやもと 河岸の市店
みやもとかしのいちてん

豪爽加了大量中盤商挑選的鮪魚，這道真鮪魚蓋飯非常受歡迎。此外也能用適當的價格享用豪華的蓋飯餐點。

MAP P.101 A-1
☎054-351-9141 L10:00～17:00 休週三（逢假日則營業） 所靜岡縣靜岡市清水区島崎町149 清水魚市場河岸的市場內 🚃JR清水站即到 P200輛

↑店面販售壽司與家常菜，也有網路商店

由比名產櫻花蝦的炸什錦有超高人氣

強力推薦！
櫻花蝦炸什錦蓋飯
750日圓
櫻花蝦的風味越嚼越在口中擴散，還有剛炸好的2片炸什錦，價格也讓人大滿足

海鮮
浜のかきあげや
はまのかきあげや

位於由比港的一角，是漁協直營的食堂，無論何時拜訪都大排長龍。招牌菜炸什錦蓋飯，有達成10年銷售33萬份的超高人氣。

MAP P.97 A-4
☎054-376-0001（由比港漁業合作社） L10:00～15:00（打烊） 休週一～週四（3月下旬～6月上旬的春漁期週一與假日的翌日休） 所靜岡縣靜岡市清水区由比漁港內 🚃JR由比站步行10分 P50輛

盡情享受鮪魚奢侈的美味

強力推薦！
真鮪魚蓋飯
1458日圓
豐盛的厚片鮪魚幾乎蓋住白飯，令人食指大動

海鮮料理
磯料理・桜えび料理 くらさわや
いそりょうりさくらえびりょうりくらさわや

位於舊東海道沿線的海鮮料理店。使用大量櫻花蝦的菜色豐富齊全。其中的炸什錦是講究的一道菜。酥脆芳香，特點是清脆的口感。

MAP P.97 A-4
☎054-375-2454 L11:00～14:00、17:00～19:00 休週一（逢假日則翌日休） 所靜岡縣靜岡市清水区由比東倉沢69-1 🚃JR由比站步行15分 P12輛

↑也能品嘗用定置漁網捕獲的土產魚等的店家

飽嘗由比美味的櫻花蝦蓋飯

強力推薦！
靜岡盛滿蓋飯
1130日圓
加入櫻花蝦與石蓴的玉子燒、魩仔魚、鮪魚、鹽水燙櫻花蝦等，把靜岡的海產裝滿整碗

海鮮
ごはん屋さくら
ごはんやさくら

店面位於國道1號沿線，由夫妻經營的大眾化食堂。有裝滿櫻花蝦的櫻花蝦定食等等，菜單的價格設定都很慷慨大方。

➡店內明亮又氣氛寧靜

MAP P.97 A-4
☎054-376-0101 L11:00～16:00（週六、日、假日10:30～19:30） 休週二 所靜岡縣靜岡市清水区由比今宿1027-8 🚃JR由比站步行10分 P15輛

能遠望富士山與駿河灣的高地名店

強力推薦！
各種櫻花蝦
4536日圓
炸什錦、鹽水燙等等，可以一次品嘗豐富多彩的櫻花蝦料理

自然兜風 P.40
人氣景點 P.50
交通工具之旅 P.62
美食 P.70
伴手禮 P.82
不住宿溫泉 P.84
住宿 P.88

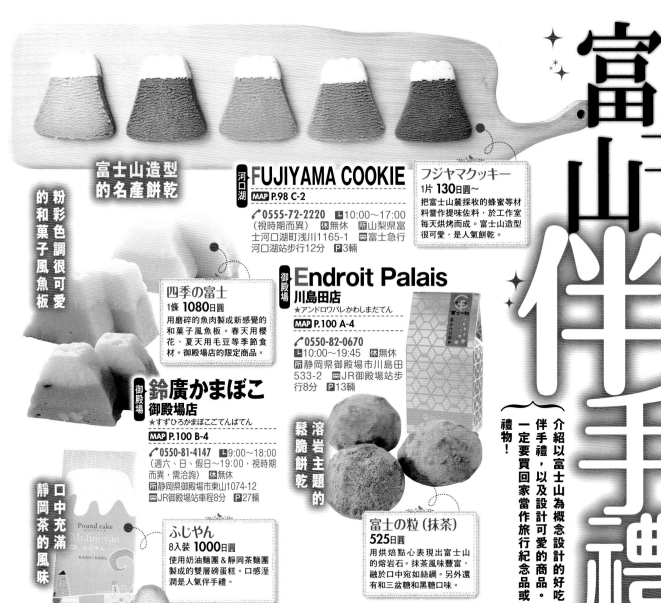

富士山伴手禮

好吃！可愛！好多富士山!!

介紹以富士山為概念設計的好吃伴手禮，以及設計可愛的商品。一定要買回家當作旅行紀念品或禮物！

富士山造型的名產餅乾

河口湖
FUJIYAMA COOKIE
MAP P.98 C-2
📞0555-72-2220
🕐10:00～17:00（視時期而異）
休無休　所山梨縣富士河口湖町淺川1165-1
🚃富士急行河口湖站步行12分　Ｐ3輛

フジヤマクッキー
1片 **130**日圓～
把富士山麓採收的蜂蜜等材料當作提味佐料，於工作室每天烘烤而成。富士山造型很可愛，是人氣餅乾。

粉彩色調很可愛的和菓子風魚板

四季の富士
1條 **1080**日圓
用磨碎的魚肉製成新感覺的和菓子風魚板。春天用櫻花、夏天用毛豆等季節食材。御殿場店的限定商品。

御殿場
Endroit Palais
川島田店
★アンドロワパレかわしまだてん
MAP P.100 A-4
📞0550-82-0670
🕐10:00～19:45
所靜岡縣御殿場市川島田533-2　🚃JR御殿場站步行8分　Ｐ13輛

溶岩主題的鬆脆餅乾

富士の粒（抹茶）
525日圓
用烘焙點心表現出富士山的熔岩石。抹茶風味豐富，融於口中宛如絲綢。另外還有和三盆糖和黑糖口味。

御殿場
鈴廣かまぼこ
御殿場店
★すずひろかまぼこごてんばてん
MAP P.100 B-4
📞0550-81-4147
🕐9:00～18:00（週六、日、假日～19:00，視時期而異，需洽詢）
休無休
所靜岡縣御殿場市東山1074-12
🚃JR御殿場站車程8分　Ｐ27輛

口中充滿靜岡茶的風味

ふじやん
8入裝 **1000**日圓
使用奶油麵團＆靜岡茶麵團製成的雙層磅蛋糕。口感溼潤是人氣伴手禮。

小山
公路休息站 須走
★みちのえきすばしり
MAP P.94 E-3
📞0550-75-6363
🕐9:00～20:00（視時期而異）
休無休　所靜岡縣小山町須走338-44　🚃JR御殿場站車程17分　Ｐ111輛

大小驚人的富士山蛋糕

世界の富士
3456日圓
使用富士嶺牛奶和富士山蜂蜜的知名蛋糕。蛋糕的高度約13cm，尺寸很大，給人深刻印象。

富士吉田
Gateway Fujiyama
富士山站店
★ゲートウェイフジヤマふじさんえきてん
MAP P.99 B-3
📞0555-23-1120
🕐10:00～20:00
休不定休　所山梨縣富士吉田市上吉田2-5-1 Q-STA 1F　🚃直通富士急行富士山站　Ｐ424輛（Q-STA）

富士山アルフォート
16片裝 **865**日圓
可以享用帆船圖案與富士山圖案2種，地區限定的Alfort餅乾。人氣餅乾爽脆的口感令人一口接一口。

宛如名畫的限定Alfort餅乾

河口湖
La Verdure
木村屋
★ラヴェルデュールきむらや
MAP P.99 A-3
📞0555-73-1511
🕐10:00～19:00（1～3月為～18:00）
休週二（逢假日則翌日休）
所山梨縣富士河口湖町船津2547-3　🚃富士急行河口湖站車程5分　Ｐ8輛

富士山山麓導覽

自駕兜風
P.40

人氣景點
P.50

交通工具之旅
P.62

美食
P.70

伴手禮

P.82

不住宿溫泉
P.84

住宿
P.88

富士山織紋很吸引目光的小物收納袋

把御朱印帳改造成波普藝術

御守小袋
3780日圓
主題為「每日是吉日」，kichijitsu的小物收納袋。也非常適合收納智慧型手機或數位相機。

GOSHUIN筆記本
2160日圓
可以在神社或寺廟蓋御朱印的御朱印帳。吉祥的圖案也推薦當作平常使用的筆記本或旅行小冊。

用小巧的富士山圖案來打扮吧

富士山領帶
8640日圓
由領帶布料專業工廠的渡小織物製造的領帶。將工廠可以看見的可愛富士山，以100%絲質呈現。

富士吉田 YAMANASHI HATAORI TRAVEL MILL SHOP
★ヤマナシハタオリトラベルミルショップ
MAP P.99 B-3

📞0555-23-1111(富士急百貨店) 🕐10:00～20:00
🈚無休 📍山梨県富士吉田市上吉田2-5-1 Q-STA 1F 🚃直通富士急行富士山站 🅿424輛(Q-STA)

逆富士便條紙
520日圓
將富士山倒映在水面的「逆富士」設計成便條紙。把赤富士、鑽石富士等等表情豐富的富士山排成一列。

也和富士山一起工作或念書

河口湖 Gateway Fujiyama
河口湖站店
★ゲートウェイフジヤマかわぐちこえきてん
MAP P.98 C-2

📞0555-72-2214
🕐8:00～20:00 🈚無休 📍山梨県富士河口湖町船津3641 🚃富士急行河口湖站站內 🅿利用站前的收費停車場

✦ 這裡也要Check! ✦
靜岡的人氣伴手禮
在鰹魚捕獲量日本第一的燒津誕生的烤鰹魚片。適合當啤酒的下酒菜或零食。可以在靜岡縣內的Kiosk、東名、新東名的服務區、休息站、機場等地點購買。

がんばれ!!
バリ勝男クン。
1箱5袋裝
772日圓

平常可以使用的富士山的物品

印傳名片夾
5400日圓
山梨的傳統工藝「印傳」的名片夾。排列的小富士山在交換名片時，一定會引人注目。

印傳口金包
1620日圓
復古又素雅，富士山圖案的印傳口金包。不僅可以放零錢，也推薦用來收納飾品等小物。

山中湖 FUJIYAMA BAZAAR
森之站
★フジヤマバザールもりのえき
MAP P.98 B-4

📞0555-62-4177 🕐10:00～17:00 (視時期而異) 🈚無休 📍山梨県山中湖村平野506-296 🚃富士急行富士山站搭乘往山中湖、旭日丘方向巴士30分，旭日丘下車即到 🅿20輛

泡不住宿溫泉放鬆一下

やまなかこおんせんべにふじのゆ

山中湖溫泉 紅富士之湯

MAP P.98 B-4

露天浴池、室內浴池都可以眺望富士山。室內浴除了可以泡全身以外，也配備寢湯池、氣泡池、源泉溫水池等等豐富設備。另付費也能享受岩盤浴（40分700日圓）。

☎0555-20-2700 🚇山梨縣山中湖村山中865-776 🚌富士急行富士山站搭乘富士湖號巴士30分，紅富士の湯下車即到 🅿220輛 ➡在茂盛森林中，許多人造訪的目的是露天浴池看到的絕景

♨入浴資訊
🕙10:00～20:30（視時期而異，唯12～2月的週六、日、假日6:00～）　🚫週二（7～9月、逢假日則營業）　💴800日圓

富士山腳下廣闊平原的高原地區湧出優質的溫泉。一邊眺望日本最高峰，一邊享受奢侈的時光。

> 富士見 info
> 冬天的早晨很高機率可以從露天浴池看見紅富士。來欣賞被朝霞染色、莊嚴的夢幻景色吧。

只有在日出時才能看見的紅富士令人感動

盡情欣賞富士山的季節表情！
露天浴池可以飽覽紅富士、鑽石富士等等富士山四季不同的變化表情。

⬆秋天襯托紅葉成為背景的富士山很美

⬆山中湖村的冬季風景詩，鑽石富士
➡即將日出時可以看見「紅富士」

飽覽絕景風光與溫泉！

富士見泡澡

介紹許多能眺望雄偉富士山，並讓身體暖烘烘的不住宿溫泉！泡在優良泉質的溫泉裡，慢慢療癒身體。

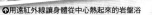
⬆用遠紅外線讓身體從中心熱起來的岩盤浴

⬆位於山中湖的西邊，客人很多

充實的設備提升舒適度！
不僅泉質與位置良好，充實的館內設備也提高溫泉的滿足度。在舒適的空間悠閒放鬆吧。

⬆躺在放鬆室裡的傾斜式躺椅，慢慢療癒身體
⬆大廳有木質地板的餐桌座位，也有能欣賞景色並同時休息的吧檯座

⬆從室內浴池也能望見美麗的富士山

入浴資訊　有源泉放流溫泉　有露天浴池　有毛巾　有盥洗備品　有吹風機　有餐飲部　=收費 =無　※有源泉溫泉的標示也包含只有部分源泉溫泉的情況。

84

鳴澤
ふじちょうぼうのゆゆらり

富士眺望之湯 YURARI

MAP P.99 C-1

毗鄰「鳴澤公路休息站」的不住宿溫泉設施。從全景浴池等設施，可以仰望震撼力滿點的富士山。來泡富士見的溫泉，慢慢療癒旅途疲勞的身體吧。

☎0555-85-3126
所 山梨縣鳴沢村8532-5
富士急行河口湖站搭乘往本栖湖方向巴士20分，富士緑の休暇村下車，步行3分 P130輛

↑碳酸泉有令人期待的排毒效果

「靈峰露天浴池」可以欣賞四季交替的富士山

富士見info
推薦充滿開放感的全景浴池，以及也能欣賞夜間點燈的「靈峰露天浴池」的景色。

 入浴資訊
L 10:00～21:00（22:00打烊）休 不定休 ¥1300日圓（週六、日、假日1500日圓、平日19:00～為1100日圓、週六、日、假日19:00～為1300日圓）

從海拔1000m的高地遠望雄偉的富士山

剛洗完澡就能悠哉眺望富士山！

在「FUJIYAMA溫泉」的展望休憩室，能望見富士山而廣受好評。入浴後，一邊眺望靈峰，一邊度過安寧的時光。

↑慢慢盡情享受讓肌膚細嫩光滑的知名溫泉
↑展望休憩室鋪設榻榻米很寬闊，富士山的景致也很漂亮

河口湖
FUJIYAMA溫泉
ふじやまおんせん
MAP P.99 B-3

☎0555-22-1126 所 山梨縣富士吉田市新西原4-17-1 富士急行富士山站搭乘免費接駁巴士5分 P157輛

 入浴資訊
L 10:00～22:00（23:00打烊）休 無休（有維護休息）¥ 大人1400日圓、3歲～國小生700日圓、2歲以下免費（週六、日、假日、過年期間、黃金週、夏季時大人1700日圓、3歲～國小生850日圓）

小山
おやまちょうちょうみんいこいのいえあしがらおんせん

小山町町民いこいの家 あしがら溫泉

MAP P.96 F-1

這家溫泉的特色是低刺激性且有益健康的鹼性單純泉，以及富士山雄偉的景致。位置就在東名足柄巴士站的旁邊，從東京出發交通也很方便。

☎0550-76-7000
所 靜岡縣小山町竹之下456-1
JR足柄站車程6分 P73輛

 入浴資訊
L 10:00～21:00（22:00打烊）休 週二（逢假日則翌日休）¥ 3小時500日圓

富士見info
露天浴池不用說，從大窗戶的室內浴池看見的景致也很有魅力。人少的時候，也能欣賞倒映在溫泉的逆富士。

優雅欣賞登立於正面的富士山

↑從露天浴池遙望在森林深處的富士山

富士見info
男女可以一起享受的庭園風露天浴池就不用說了，從3樓的餐廳也能眺望富士山是店家自豪之處。

從露天浴池仰望大震撼力的富士山

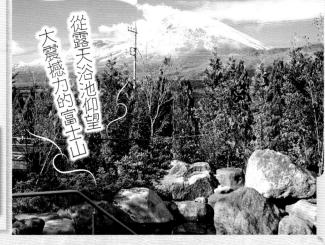

小山
すばしりおんせんてんけい

須走溫泉 天惠

MAP P.94 E-3

設有「大池」與庭園露天浴池的泳衣區，內有滋潤肌膚效果的碳酸泉等等，滿滿都是能和朋友一起享受的浴池。男女分開的浴池區，也有完備的室內浴池與露天浴池。

☎0550-75-2681
所 靜岡縣小山町須走112-171
JR御殿場站搭乘往河口湖駅方向巴士25分，富士高原ゴルフ場下車即到 P150輛

↑泡在充滿綠意與光線的露天浴池裡心情爽快

 入浴資訊
L 10:00～23:20 休 無休 ¥ 900日圓（週六、日、假日1500日圓）

眺望全景富士
100% 源泉溫泉

從露天浴池的浴池眺望靈峰富士山與外輪山的廣角視野是真正的絕景。正面也有廣闊的御殿場街景。

料理的休憩所 可以品嘗當地食材

御殿場

ふじはっけいのゆ

富士八景の湯
MAP P.100 C-4

絕景溫泉建於乙女峠半山腰上海拔約600m的高台，眼前即可望見富士山。100%源泉注入室內浴池與露天浴池中，泡過溫泉放鬆後，可以到餐飲部或休息處、小睡處度過療癒的時光。

↑慢慢讓身體沉入水中，盡情享受周遭的自然之美

入浴資訊
🕙10:00～21:00（打烊22:00）　🈲第2、4個週四（7～9月無休）　💰3小時1000日圓（週六、日、假日1300日圓）

📞0550-84-1126
🏠静岡縣御殿場市深沢2564-19　🚃JR御殿場站車程10分　🅿80輛

御殿場

おたいないおんせんけんこうセンター

御胎內溫泉
健康中心
MAP P.96 E-1

能享受四季自然之美與優質溫泉的設施。各式各樣別出心裁的浴池，男女用浴池每個月輪替。

📞0550-88-4126
🏠静岡縣御殿場市印野1380-25　🚃JR御殿場站搭乘往印野本村方向巴士20分，富士山樹空の森下車即到　🅿100輛

入浴資訊
🕙10:00～20:20　🈲週二（逢假日則翌日休）　💰500日圓（週六、日、假日700日圓）

除了露天浴池，還有圓木小屋風格的「富士檜の湯」，以及造型是熔岩圓頂狀的「富士熔岩浴池」可以遠望富士山。

↑在高原清爽的風中泡溫泉

在「時之栖」享受溫泉！

複合度假地「時之栖」有2家溫泉設施。兩家都是能在爽朗自然中泡溫泉的設施。

御殿場 時之栖●ときのすみか　MAP P.96 E-2

📞0550-87-3700（時之栖諮詢服務中心）
🏠静岡縣御殿場市神山719　🚃JR御殿場站搭乘免費接駁巴士25分　🅿2500輛

優質的天然溫泉與豐富多彩的浴池很有人氣
天然溫泉 気楽坊●てんねんおんせんきらくぼう
📞0550-87-5126

添加死海海鹽的鹽浴池，以及讓血液循環變順暢的碳酸泉等等，配備14種別出心裁的浴池。

入浴資訊
🕙10:30～23:00（唯週六、日6:00～9:00也營業）　🈲無休　💰1小時800日圓（週六、日、假日1小時1000日圓）

↑男女皆可從露天浴池眺望富士山

享受優雅的療癒時光
源泉 茶目湯殿●げんせんちゃめゆどの
📞0550-87-6426

有開放的大浴場，以及從正面仰望富士山的「天空之湯」（露天浴池）。未滿18歲不可使用。

入浴資訊
🕙10:00～21:00、天空之湯12:00～19:00（11～3月～17:00）　🈲無休　💰1500日圓（週六、日、假日2000日圓）

↑充滿開放感的「天空之湯」

從富士山到箱根山引以為傲的廣闊景致

可以男女每天輪替享受的露天浴池「富士之湯」與「放映之湯」。兩座浴池都能從正面望見雄壯的富士山。

↑可以眺望富士山與箱根群山的「放映之湯」

御殿場

ごてんばしおんせんかいかん

御殿場市溫泉會館
MAP P.100 C-4

溫泉設施位於從御殿場市區出發，靠乙女峠的高台上。大浴場四面為落地窗，白天有富士山；晚上則有整片閃耀的夜景。JR御殿場站出發的免費巴士，1天來回4班很方便。

📞0550-83-3303
🏠静岡縣御殿場市深沢2160-1　🚃JR御殿場站搭乘免費接送巴士20分　🅿70輛

入浴資訊
🕙10:00～22:00　🈲週一（逢假日則翌日休）　💰3小時500日圓

裾野

すそのびじんのゆヘルシーパークすその

すその美人の湯
ヘルシーパーク裾野
MAP P.96 E-2

能遠望雄偉富士山的露天浴池與室內浴池，傾注了100%自家源泉的美人湯。泳衣混浴區（費用另計）也能享受流水池、按摩浴缸等設施。

📞055-965-1126
🏠静岡縣裾野市須山3408　🚃JR岩波站車程12分　🅿150輛

入浴資訊
🕙10:00～20:30　🈲週四（逢假日則營業）　💰520日圓

隔著充滿開放感的大浴場玻璃，能眺望從山頂到山腳原野、雄偉富士山的整體輪廓。

俯瞰御殿場市區 遠望富士全景

↑浴池分類簡單，男女分開的室內浴池各一座

入浴資訊　有源泉放流溫泉　有露天浴池　有毛巾　有盥洗備品　有吹風機　有餐飲部　■=收費 □=無　※有源泉溫泉的標示也包含只有部分源泉溫泉的情況。

86

這裡也有富士山＆溫泉！

住宿設施的不住宿溫泉

富士山麓散布著可以泡不住宿溫泉的飯店。連同住宿設施才有的款待，一起盡情享受富士山優美的模樣吧！

富士見info 隔著大浴場的窗戶可以眺望富士山的絕景。浴池裡沒有任何人時，也能看見倒映在溫泉水面的逆富士。

從田貫湖的湖畔 盡情欣賞逆富士

↑從高台眺望富士山的景致極佳

【朝霧高原】
きゅうかむらふじふじさんめぐみのゆ

休暇村富士 富士山惠みの湯

MAP P.101 B-4

位在以鑽石富士攝影地知名的田貫湖湖畔，是富士山西麓的珍貴天然溫泉。可以享受有益肌膚的鹼性單純泉。

☎0544-54-5200 靜岡縣富士宮市佐折634 JR富士宮站搭乘往休暇村富士方向巴士45分，終點下車即到 P80輛

入浴資訊
⏰11:00～13:30 休週二 ¥650日圓

↓室內浴池的大玻璃窗可以盡情眺望極佳的景致

富士見info 大浴場位於7樓，魅力是眺望富士山與河口湖的最佳景致。右邊可以遠望從河口湖到富士吉田一帶的街景。

同時欣賞富士山與河口湖的眺望景致

↑位於河口湖的東岸，許多住宿設施林立的區域

【河口湖】
ホテルみふじえん

美富士園酒店

MAP P.98 C-2

位在河口湖地區，很難得接受入浴不住宿溫泉的飯店。從地下1500m湧出的優質溫泉，很有療癒效果。

☎0555-72-1044 山梨縣富士河口湖町淺川207 富士急行河口湖站搭乘往甲府、芦川方向巴士5分，淺川溫泉街下車即到 P40輛

入浴資訊
⏰13:30～20:00 休不定休 ¥1200日圓

→奢華的氣氛也是魅力

富士見info 溫泉大浴場位於4樓，御殿場市區的對面，可以看見富士山從山頂到山腳原野的平緩曲線美。

【御殿場】
ララゴテンバホテルアンドリゾート

LaLa GOTENBA Hotel & Resort

☎0550-82-9600 靜岡縣御殿場市深沢2571 JR御殿場站搭乘往仙石方向巴士16分，溫泉会館前下車，步行5分 P32輛

MAP P.100 C-4

位於御殿場市區東南、乙女峠的半山腰。不僅浴池可以望見富士山，也能一併盡情享受度假飯店才有的奢華空間。

入浴資訊
⏰15:00～20:00 休無休 ¥950日圓

當天來回 飽享度假氣氛

↓可以望見御殿場市區與富士山

從露天浴池獨占
富士山與河口湖

富士山風景

最上層有大溫泉池「大空之湯」。可以泡在立湯或半身浴等豐富多彩的浴池裡，同時遠望富士山的景觀，令人為之傾倒。

盡情欣賞從天空的浴池看到的絕景

去富士山麓住宿吧！

在雄偉自然的環抱中悠閒充電！

在日本第一的富士山山麓，飽享療癒的旅居時光！本篇介紹富士山風景的飯店、車站附近的飯店、豪華露營等等嚴選的旅館。

能放鬆的和風時尚客房

河口湖
風之露台KUKUNA飯店
● かぜのテラスククナ
☎0555-83-3333　**MAP** P.98 C-2

客房分為中央館、展望館、plaza館，可以配合情境選擇喜歡的客房。2017年春天，附新感覺露天浴池「water terrace」的特別房，在展望館登場。可以在此度過奢侈的時光。鐵板燒餐廳能大啖主廚講究的鐵板料理也廣受好評。

IN 15:00　**OUT** 11:00　¥1泊2食19000日圓～　🛏65間　🏠山梨縣富士河口湖町淺川70　🚌富士急行河口湖站搭乘往河口局前方向巴士6分，湖山亭うぶや前下車，步行3分（河口湖站有接送服務，採預約制）　P50輛

邊看富士山邊大啖鐵板燒

盡情享受山麓才有的犒賞！
富士山的絕景旅館

如果想沉醉於逐漸變化的富士山雄姿，就前往適合觀賞富士山的飯店。一邊泡溫泉，一邊品嘗美食，度過難以忘懷的片刻時光。

河口湖
富士景觀飯店
● ふじビューホテル
☎0555-83-2211　**MAP** P.98 B-2

昭和11（1936）年開業的飯店。音樂 家約翰·藍儂一家也曾在此旅居。有可以眺望富士山的客房，以及可以眺望河口湖或庭園的客房。露天浴池可以享受河口湖溫泉鄉源泉之一的「秀麗之湯」。晚餐有法國菜全餐和日本料理的宴席全餐。

IN 15:00　**OUT** 11:00　¥1泊2食16740日圓～　🛏79間　🏠山梨縣富士河口湖町勝山511　🚌富士急行河口湖站搭乘往本栖湖方向巴士10分，勝山下車，步行5分　P80輛

溫泉大浴場「敷鳥之湯」的露天浴池

標準房型的寬敞西式房間

富士山風景

若選擇富士山風景這一側的房間，就能慢慢輕鬆休息，並眺望動人的富士山雄姿。

在歷史悠久的飯店
盡情欣賞雄偉的富士山

眺望富士山
飽嘗非日常的解放感

從男性露天浴池看見的絕景(照片為示意圖)

富士山風景
從男女分開的大浴場、氣氛佳的露天浴池眺望富士山之美，震撼力非凡。來這裡紓解平日的疲勞與壓力養精蓄銳吧。

↑客房中也有附溫泉足湯的日西式房

河口湖
秀峰閣 湖月
●しゅうほうかくこげつ
☎0555-76-8888　MAP P.98 C-1

旅館所有客房皆可欣賞從正面眺望富士山規模龐大的景致，還能大啖活用當季食材的宴席料理療癒身心。也備有豪華客房，配備露天浴池與足湯，提供更高級的舒適度。建於河口湖北岸一角的位置，也最適合觀賞優雅倒映在水面的逆富士。

IN 15:00　OUT 11:00
¥1泊2食20520～60480日圓　🛏45間
所山梨縣富士河口湖町河口2312
富士急行河口湖站車程12分(河口湖站有接送車，預約制)　P45輛

從自豪的露天浴池
瞭望富士山與河口湖

富士山風景
從最上層的「富士之湯」看見生動的富士山輪廓，給人留下鮮明的印象。不管是早晨、中午、傍晚，何時來看都漂亮。

IN 14:00　OUT 11:00
¥1泊2食18000～48000日圓(稅另計)
🛏50間　所山梨縣富士河口湖町小立498　富士急行河口湖站車程7分(河口湖站有接送車，抵達車站時聯絡，14:00～19:00)　P100輛

↑眼前可以仰望富士山的露天浴池「富士之湯」

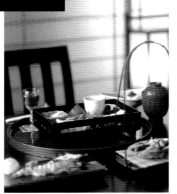

河口湖
若草之宿 丸榮
●わかくさのやどまるえい
☎0555-72-1371　MAP P.98 B-2

最上層的露天浴池景致非凡排名第一，以浴池與料理自豪的溫泉旅館。在眼前仰望富士山的「富士之湯」，以及在眼下眺望河口湖的「湖之湯」，因為是男女輪替制，兩座浴池都能盡情享受。有富士山風景的包租展望浴池等泡湯池也很豐富。旅館也備有附露天浴池的客房等豐富多彩的房間，令人開心。

↑盛滿豐富當季、鄉間山珍海味的和式宴席料理

富士山風景
蓋在高台上，正面聳立著日本第一高山。最上層設有展望大浴場與露天浴池，可以一邊眺望絕景，一邊享受泡溫泉。

眺望富士山的同時
度過無上幸福的時光

↑以富士山絕景自豪的展望大浴場
→遠望富士山的客房「景觀三人家庭房」

富士吉田
HOTEL MYSTAYS富士山
●ホテルマイステイズ富士山
☎0555-21-7510　MAP P.99 B-2

2016年12月開業，從富士急樂園站步行5分的度假飯店。從展望大浴場與露天浴池可以眺望美麗的富士山，療癒疲勞的身心。設有大窗戶的明亮客房，舒適的居住品質深受住宿客人好評。

IN 15:00　OUT 11:00　¥1泊2食9600日圓～　🛏159間
所山梨縣富士吉田市新倉2654　富士急行富士急樂園站步行5分
P74輛

富士山風景
從富士這一側的和室，可以望見河口湖周邊的街景，以及雄壯的富士山。在7樓的休息處看見的富士山，也有特別的美。

主題為營造
自然安寧的旅館

↑浪漫文雅幽靜氣氛的和室

↑晚上也能看見對岸美麗夜景的展望浴池

河口湖
花水庭酒店
●かすいていおおや
☎0555-72-1212
MAP P.98 C-2

建於河口湖湖畔的純和風溫泉旅館。在7樓的展望露天浴池，可以一邊泡溫泉，一邊眺望河口湖與自然豐富的山脈景色。備有附豪華信樂燒露天浴池的和室房，以及氣氛時尚的日西式房等等各式各樣的房型。用講究的四季應時當地食材製成的創作料理也廣受好評。

IN 15:00　OUT 10:00　¥1泊2食14040～40500日圓　🛏47間
所山梨縣富士河口湖町船津4025
富士急行河口湖站步行8分(河口湖站有接送車)
P無(利用縣營停車場／免費)

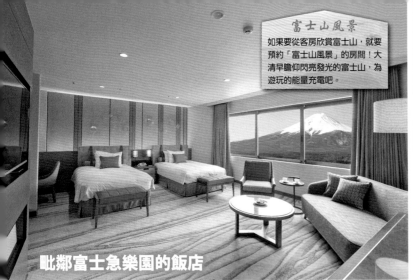

↑可以到附設的日本最大規模純木造浴室「FUJIYAMA溫泉」入浴

富士山風景的絕景旅館
↑也能享用自助餐的餐廳

富士山風景

如果要從客房欣賞富士山，就要預約「富士山風景」的房間！大清早瞻仰閃亮發光的富士山，為遊玩的能量充電吧。

毗鄰富士急樂園的飯店

↑在2016年翻新的「Grand Executive Floor」度過放鬆時光

富士急樂園度假飯店&溫泉
●ハイランドリゾート　ホテル&スパ

📞0555-22-1000　**MAP** P.99 B-3

直通富士急樂園。除了能住在欣賞雄偉富士山眺望景致的客房以外，到遊樂園入園、天然溫泉「FUJIYAMA溫泉」入浴都免費。毗鄰IC，在飯店前也能從快速巴士上下車，從遠處來飯店的交通也方便。

IN 15:00　**OUT** 12:00　**¥** 房型費用：單人房13000日圓～、雙床房23000日圓～、雙人房23000日圓～※12歲以上另收入湯稅150日圓　**室** 161間（客房分為樂園側與富士山側，預約時需確認）　**休** 無休（有維護則休）　**所** 山梨富士吉田市新西原5-6-1　**交** 富士急行富士山站搭乘免費接駁巴士5分　**P** 180輛

↑溫泉也稱為「傷之湯」「中風之湯」

↑氣氛寧靜的雙床房

雷吉娜酒店河口湖
●ホテルレジーナかわぐちこ

📞0555-20-9000　**MAP** P.99 A-3

從所有客房都能眺望富士山的大全景。溫泉浴場使用據說有預防動脈硬化效能的河口湖源泉。到富士急樂園車程3分、到河口湖湖畔車程10分，以旅遊據點而言位置絕佳。網球場、溫水泳池等休閒設施也很豐富。※溫水泳池可能因維護等原因暫停使用（需洽詢）

IN 15:00　**OUT** 11:00　**¥** 1泊2食12000日圓（稅另計）～　**室** 68間　**所** 山梨縣富士河口湖町船津5239-1　**交** 富士急行河口湖站車程5分　**P** 70輛

全房型都有富士山風景的度假飯店

富士山風景

可以從整面毫無遮蔽物的客房陽台眺望，隔著樹海看見有廣闊山腳原野的富士山。讓人想盡情欣賞大全景。

↑隔著樹海看見的富士山獲得許多人盛讚

豪華的膠囊旅館

觀光的基點很方便！
車站附近的旅館

←也設有USB電源與電源插座的客房
↓休息室可以免費使用Wi-Fi很方便

2017年開業！

CABIN & LOUNGE
富士急樂園站膠囊旅館
●キャビン&ラウンジハイランドステーション　イン

📞0555-21-6688　**MAP** P.99 B-3

膠囊旅館位於富士急樂園站步行3分的絕佳位置。寬敞舒適的客房是旅館的驕傲，寬120cm、長210cm躺起來很舒服，是日本首次引進的客房。也有女性專用樓層，單身女性也能安心使用。

IN 15:00　**OUT** 10:00　**¥** 4000日圓～　**室** 男性88床、女性66床　**所** 山梨縣富士河口湖町船津6663-11　**交** 富士急行富士急樂園站步行3分　**P** 利用共同停車場

就位於富士山站旁時髦的飯店

富士山車站飯店
●ふじさんステーションホテル

📞0555-24-3300　**MAP** P.99 B-3

↑客房有單人房、雙人房、雙床房、三人房四種

飯店從富士山站步行2分即到，交通非常方便，相當適合當作積極旅行的據點。大廳與客房為和式風格，陳設時髦。住宿者除了供應早餐以外，所有客房都可免費使用Wi-Fi也令人開心。

↑館內以和式時尚氣氛的室內裝飾統一

IN 15:00　**OUT** 10:00　**¥** 1泊單人房7000日圓～（早餐免費供應）　**室** 52間　**所** 山梨縣富士吉田市松山2-7-12　**交** 富士急行富士山站即到　**P** 35輛

關注度上升中！

豪華露營

豪華露營的旅館讓你一併享有親近自然的戶外樂趣，以及高級度假地的款待。在環抱於富士山麓的大自然中，度過留下回憶的假日吧！

什麼是豪華露營？
意思是glamorous（富有魅力的）的camp，在大自然中追求頂級的舒適度，受到關注的度假風格。感受豐富自然的同時，度過奢華的時光。

搖曳的火焰療癒心靈 頂級的片刻時光

虹夕諾雅富士

●ほしのやふじ

河口湖

☎0570-073-066（虹夕諾雅綜合預約專線）

MAP P.98 B-1

以富士山麓的廣大森林為舞台，日本首座豪華露營度假區。在綠意盎然的露臺上，沐浴在樹葉間隙照下的陽光中；晚上則升起營火放鬆心靈。也可以參加獨木舟體驗與手工燻製等方案。

IN15:00 OUT12:00 ¥1泊1間房54000日圓（用餐另計）～ 室40間 所山梨縣富士河口湖町大石1408 富士急行河口湖站搭乘河口湖周遊巴士27～32分，河口湖自然生活館下車，步行8分 P40輛

↗令人想慢慢喝起威士忌杯的營火BAR

↗有湖泊風景的露臺客廳CABIN

↗在赤松林環繞的露臺上享受森林浴

享受大人的奢侈小木屋旅居時光

整面安裝玻璃，感覺自然就在身邊

PICA 山中湖Village

●ピカやまなかこヴィレッジ

山中湖

☎0555-30-4580（PICA Help desk）

MAP P.98 B-4

為生態別墅，擁有可以瞭望有機農場與富士山的木屋。備有營火台，附木棧板的「Cottage Grand Auberge」，能感受富士山麓的四季。

IN14:00～19:00 OUT7:00～11:00 休週三、四（繁忙期無休）¥Cottage Auberge1泊2食14500日圓～ 室Cottage Auberge 7棟、Cottage 10棟 所山梨縣山中湖村平野506-296 富士急行富士山站搭乘往旭日丘方向巴士30分，旭日丘下車即到 P20輛

↗晚餐可選晚餐全餐或BBQ全餐

↗寢室白與藍的清爽配色，讓人度過愉快的時光

CAMPica富士Grinpa

●キャンピカふじぐりんぱ

裾野

☎0555-30-4580（PICA Help desk）

MAP P.96 D-1

毗鄰森林公園Grinpa的Auto Camp場。2016年新設的「Trailer Cottage Grande」，配備暖爐、附帳篷的露臺客廳，可以享受奢華露營的樂趣。

IN14:00～19:00 OUT7:00～11:00 休週三、四（繁忙期無休，冬季有部分區域關閉）¥Trailer Cottage 22000日圓～（視Cottage類型、人數、時期有變動）室Trailer Cottage 23棟 所靜岡縣裾野市須山2427 JR御殿場站搭乘往遊園地ぐりんぱ方向巴士50分，ぐりんぱ下車即到 P70輛

↗人數定額6人的「Trailer Cottage Comfort」

↗席夢思製造的床可以好好睡一覺

↗「Trailer Cottage Grande」的露臺

在附帳篷的露臺上飽享富士山麓的自然

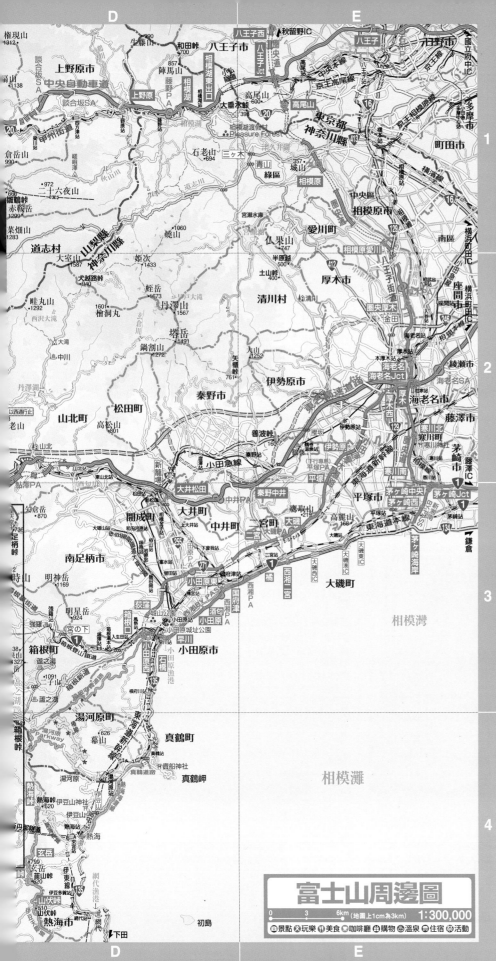

富士山周邊 路線MAP

路線MAP範例

設施介紹
景點　玩樂　美食　咖啡廳
購物　溫泉　住宿　活動

其他記號
市公所　町村公所　山中湖西 交叉路口名　紅綠燈
神社　寺院　溫泉　公路休息站
觀光景點　露營地　滑雪場　絕佳觀景點
賞花名勝　紅葉名勝

快速·收費道路　　新幹線
國道137　　JR線
主要地方道21　　私鐵線
縣道710　　都道府縣界
一般道路　　市町村界

富士山周邊圖

0　　3　　6km〔地圖上1cm為3km〕1:300,000

景點　玩樂　美食　咖啡廳　購物　溫泉　住宿　活動

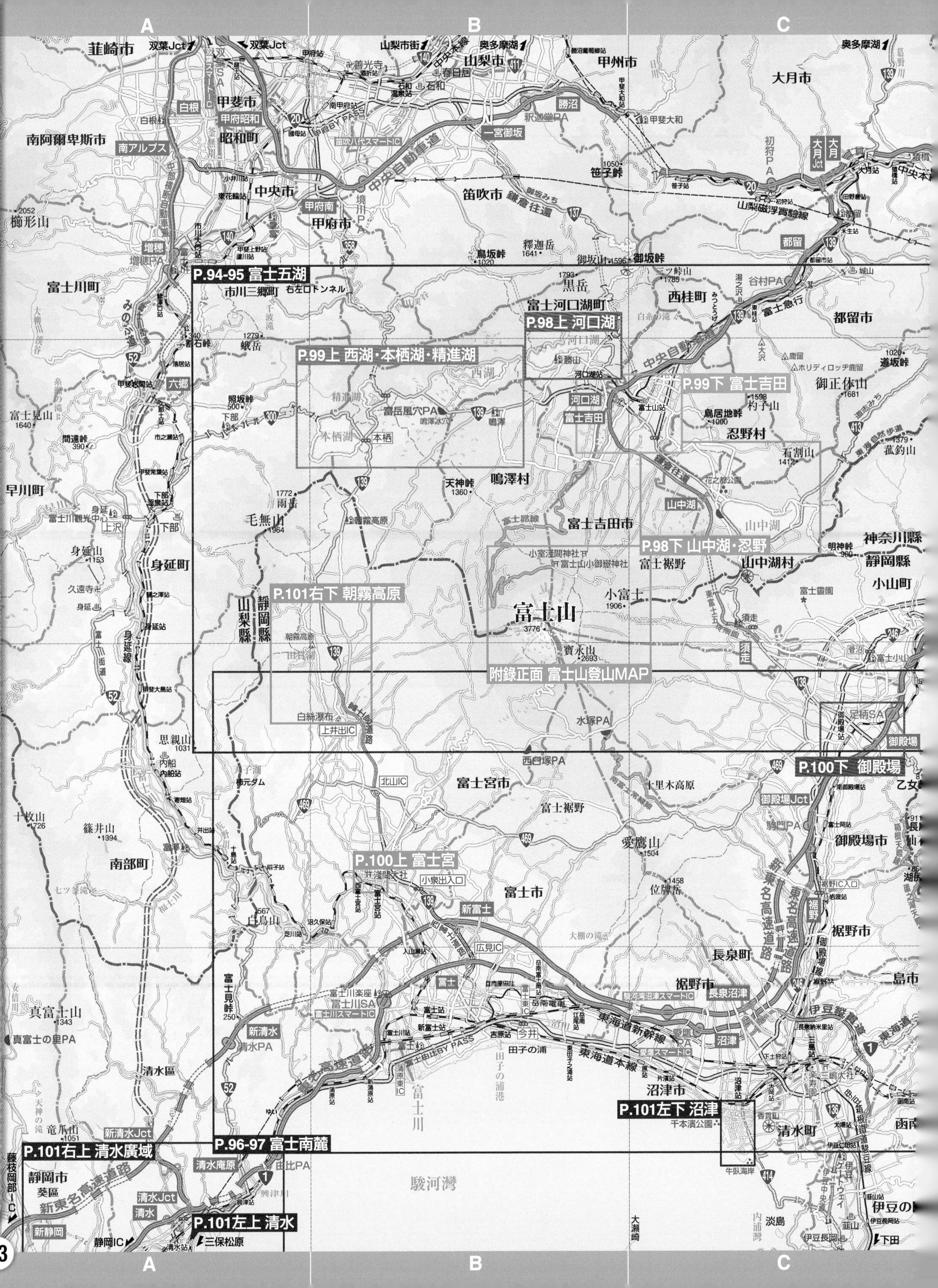

富士山周邊路線MAP　富士山周邊圖

P.94-95 富士五湖

P.98上 河口湖

P.99上 西湖・本栖湖・精進湖

P.99下 富士吉田

P.98下 山中湖・忍野

P.101右下 朝霧高原

附録正面 富士山登山MAP

P.100下 御殿場

P.100上 富士宮

P.101左下 沼津

P.101右上 清水廣域

P.96-97 富士南麓

P.101左上 清水

主な地名・山名：
韮崎市　双葉Jct　山梨市街　奥多摩湖　甲州市　大月市
甲斐市　甲府昭和　山梨市　勝沼　甲斐大和　大月Jct
南阿爾卑斯市　南アルプス　昭和町　中央市　笛吹市　都留市
富士川町　富士河口湖町　西桂町　富士急行
早川町　身延町　鳴澤村　富士吉田市　忍野村　山中湖村
富士山 3776　寶永山 2693　小山町　神奈川縣　靜岡縣
富士宮市　富士裾野　富士市　御殿場市　裾野市　長泉町
南部町　清水　靜岡市　葵區　沼津市　清水町
富士川　駿河灣

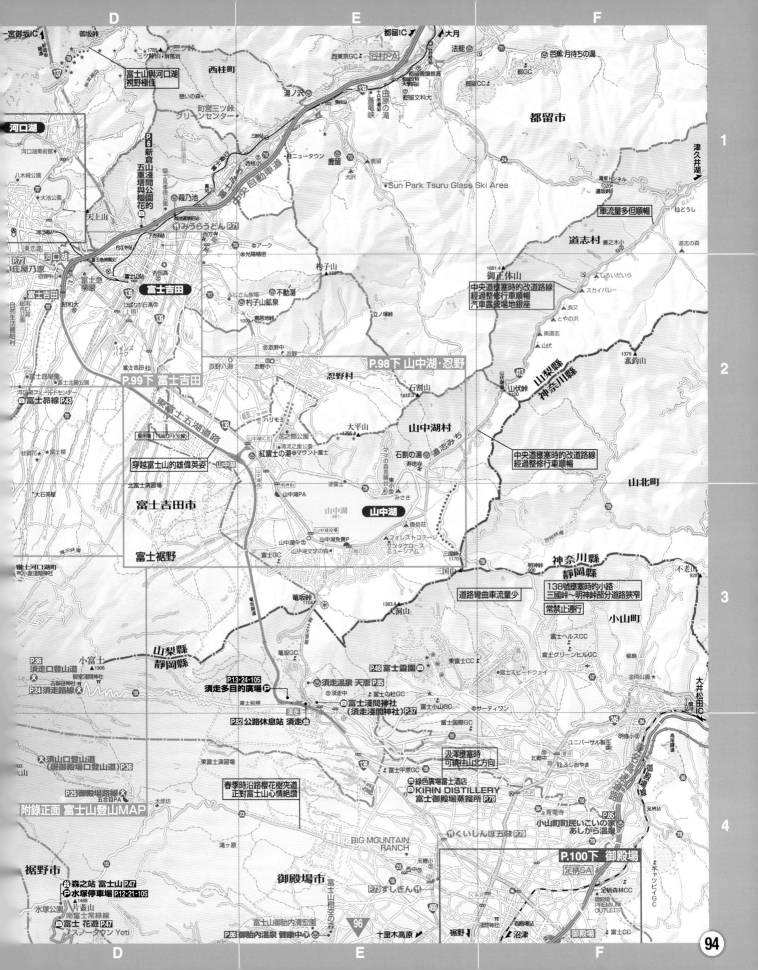

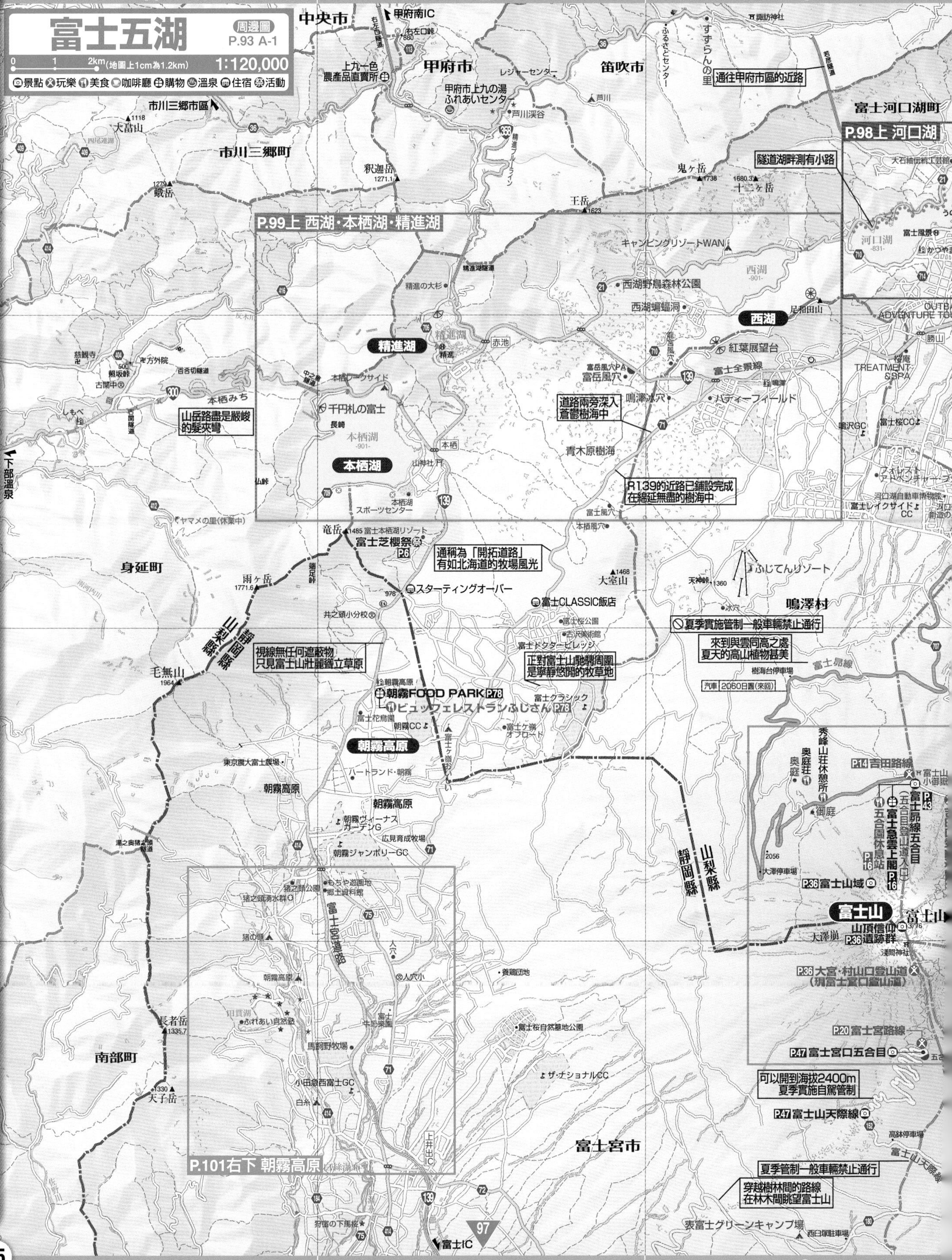
富士五湖
周邊圖 P.93 A-1
0 1 2km (地圖上1cm為1.2km) 1:120,000
景點 玩樂 美食 咖啡廳 購物 溫泉 住宿 活動
A
B
C
中央市
甲府南IC
甲府市
笛吹市
市川三郷町
市川三郷市區
上九一色農產品直賣所
甲府市上九の湯ふれあいセンター
通往甲府市區的近路
富士河口湖町
P.98上 河口湖
隧道湖畔測有小路
P.99上 西湖・本栖湖・精進湖
精進湖
西湖
本栖湖
キャンピングリゾートWANI
西湖野鳥森林公園
西湖蝙蝠洞
紅葉展望台
富士全景線
富岳風穴
鳴澤冰穴
道路兩旁深入蒼鬱樹海中
青木原樹海
R139的近路已鋪設完成在綿延無盡的樹海中
千円札の富士
山岳路盡是嚴峻的髮夾彎
本栖みち
下部溫泉
身延町
富士芝櫻祭 P.6
通稱為「開拓道路」有如北海道的牧場風光
スターティングオーバー
富士CLASSIC飯店
鳴澤村
夏季實施管制一般車輛禁止通行
來到興雲同高之處夏天的高山植物甚美
視線無任何遮蔽物只見富士山壯麗聳立草原
正對富士山馳騁周圍是寧靜悠閒的牧草地
朝霧FOOD PARK P.78
ビュッフェレストランふじさん P.78
朝霧高原
靜岡縣
山梨縣
P.14 吉田路線
富士昴線五合目
P.36 富士山域
富士山
山頂信仰遺跡群 P.36
P.36 大宮・村山口登山道（現富士宮口登山道）
P.20 富士宮路線
P.47 富士宮口五合目
可以開到海拔2400m 夏季實施自駕管制
P.47 富士山天際線
南部町
P.101右下 朝霧高原
富士宮市
夏季管制一般車輛禁止通行
穿越樹林間的路線在林木間眺望富士山
富士IC
97

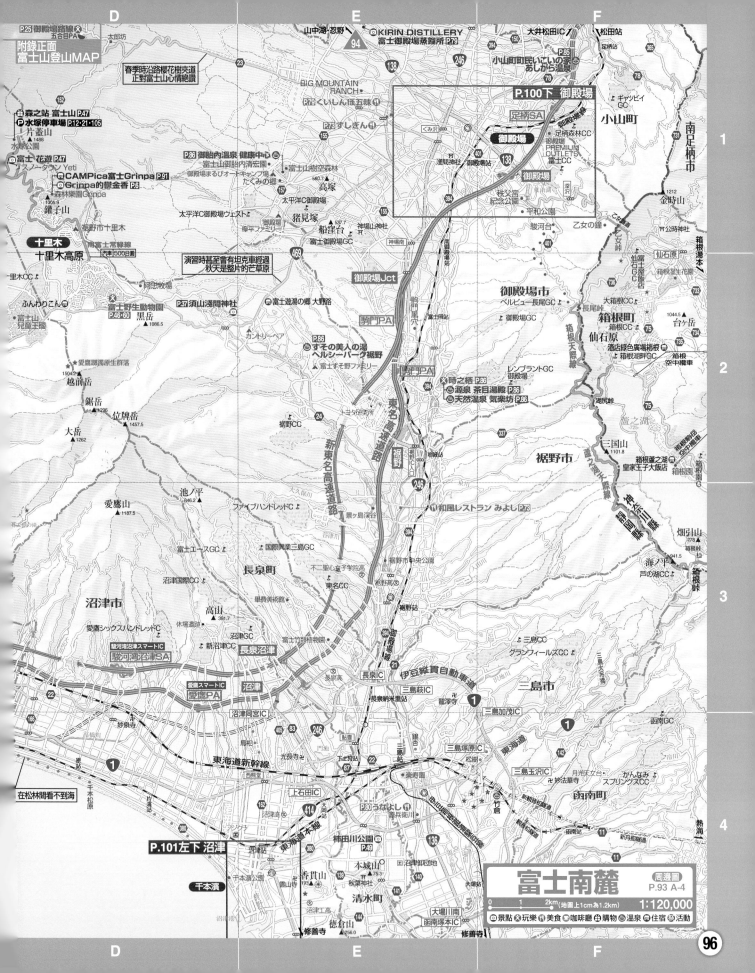

富士南麓

A　　B　　C

朝霧高原
71
95
♪ザ・ナショナルCC

P.47 富士宮口五合目
P.20 富士宮路線
富士宮路線 P.20
五合目PA

P.47 富士山天際線

152
高鉢停車場
富士山天際線

夏季實施管制一般車輛禁止通行

穿越樹林間的路線
在林木間眺望富士山

表富士グリーンキャンプ場
西臼塚駐車場
180

天子岳 ▲1330
山梨縣 川陽線
川陽線
P.101右下 朝霧高原

小田急西富士GC
白糸
414
上井出IC
139

狩野の下拂橋
414
184

南部町
南部町
天子湖

大石寺卍
本門寺卍
奇石博物館
富士山天母の湯
514.1
天母山

富士宮市
富士裾野

白水山
811.8
398

469
北山IC
山宮淺間神社 P.37
山宮
村山淺間神社 P.37
道路寬廣行車輕鬆

新稻子川温泉
ユー・トリオ
184
414
139
180
469
南富士CC

全地球自然學校
182
西高
158
397
丸火自然公園露營場

身延
10
十島站
稻子站
富士チサン
森山CC
▲261

富嶽温泉 花の湯
大宮
P.100上 富士宮
西富士宮站
富士宮站

72
大淵笹場 P.45
大淵笹場茶園 P.6
24

富士市

万沢
静岡縣
山梨縣
567.4
白鳥山
隨緣CC
(センチュリー富士C)
本成寺卍

白尾山 237.7
朝熊旅館たちばな
富士宮GC
虹屋 P.70
渡邊寺站
權現

76
大淵GC

NATURAL ACTION
outdoor tours
芝川站
沼久保站
25
76

新富士
新東名高速道路
富士市立博物館
88

52
190
内房瀧川

リバー富士CC
明星山
▲224.4
10
176
入山瀨站
414
広見IC
24
76

192
75
有東瀧川
実相寺站

富士
181
喫茶アドニス P.73
岳南鐵道
22

瓜島
富嶽CC

雨乞山
▲377.4
堅堀站
東名高速道路
東海道

富士見ヶ丘CC
P.8 富士川服務區上行線的大摩天輪
富士川SA
富士川スマートIC
有車種限制
532
金丸山

竹採公園
比奈站
吉原本町站
シャリ
岳南富士岡站
神谷站

新清水
新清水Jct
柿木站
東海道本線
東海道新幹線
341
富士站
174
新富士站
今井
富士東IC
167

清水PA
大丸山
▲572
公路休息站 富士
341
富士由比BY PASS
田子の浦港 漁協食堂 P.73
680

静岡市
清水區
浜石岳
706.8
70
蒲原隧道
396
新蒲原站
蒲原站
1
高濱IC
新富士川橋
富士川滑空場
富士川河畔的櫻花蝦乾 P.8

富士川
駿河灣

田子の浦站

由比宿
蒲原西站
由比站
396
靜岡市東海道廣重美術館 P.49
浜のかきあげや P.81
ごはん屋さくら P.81
370
由比本陣

52
P.101右上
清水廣域MAP
磯料理・桜えび料理 くらさわや P.81
静岡　清水　清水IC

A　　B　　C

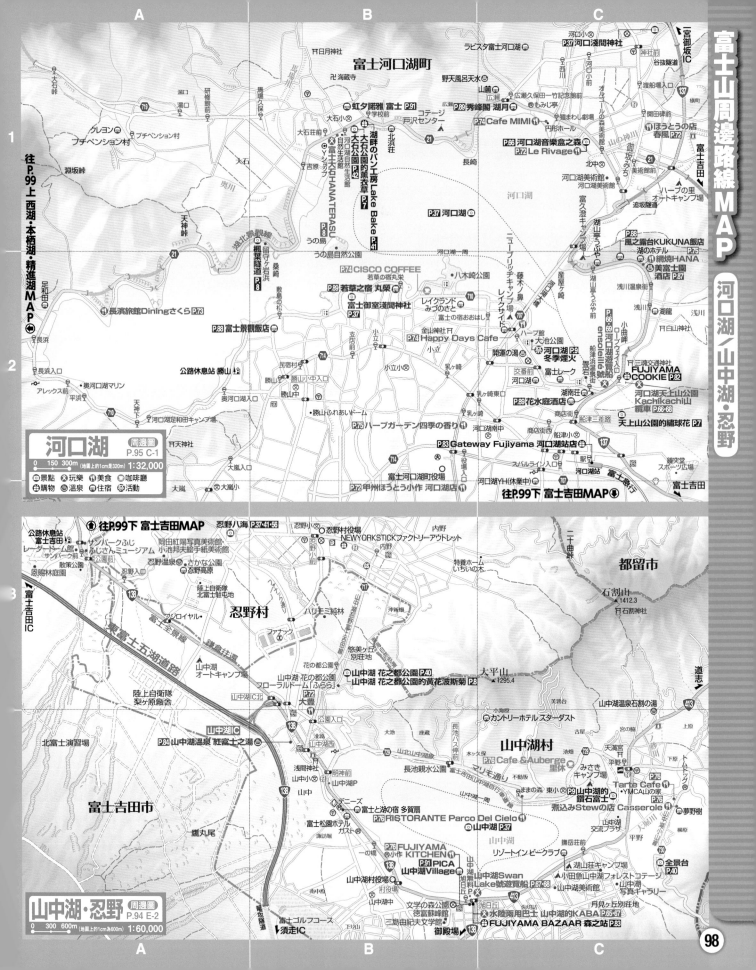

富士河口湖町

河口湖

周邊圖　P.95 C-1

0　150　300m　(地圖上約1cm是320m)　1:32,000

景點　玩樂　美食　咖啡廳　購物　溫泉　住宿　活動

往P.99上西湖・本栖湖・精進湖MAP

ラピスタ富士河口湖
河口小
P.37 河口湖淺間神社

野天風呂天水
P.89 秀峰閣 湖月
P.74 Cafe MIMI
広瀬久保田一竹記念館
もみじ亭
ほうとうの店 春風 P.72

日月神社

海蔵寺

虹夕諾雅 富士 P.91
大石小
コテージ戸沢センター
P.66 河口湖音樂盒之森
P.72 Le Rivage

大石公園的薰衣草 P.7
富士大石HANATERASU P.8

湖畔のパン工房Lake Bake P.41

河口湖一周
P.37 河口湖

河口湖美術館
河口湖美術館

P.88 風之露台KUKUNA飯店 P.75
湖のホテル
網燒HANA
美富士園酒店 P.87

P.74 CISCO COFFEE
P.89 若草の宿 丸栄
富士御室淺間神社 P.37

レイクランドみつのさと
レイクサイド
富士の宿おおはし
ハーブ館
大池公園
船津浜溫泉街
ensoleille飯店 P.66 P.89
河口湖遊覽船
P.9 河口湖冬季煙火

金山神社
P.74 Happy Days Cafe
開運の湯

富士レーク
河口湖

FUJIYAMA COOKIE P.82
河口湖天上山公園 Kachikachi山纜車 P.66・68

P.88 富士景觀飯店

長濱旅館Dining さくら P.73

公路休息站 勝山

アレックス前
奥河口湖マリン

P.89 花水庭酒店
天上山公園の繡球花 P.7

P.75 ハーブガーデン四季の香り
河口湖南中
商店街P.83 Gateway Fujiyama 河口湖站店

甲州ほうとう小作 河口湖店 P.72
河口湖YH(休業中)
富士河口湖町役場
スバルライン入口
河口湖站

往P.99下 富士吉田MAP

山中湖・忍野

周邊圖　P.94 E-2

0　300　600m　(地圖上約1cm是600m)　1:60,000

往P.99下 富士吉田MAP
忍野八海 P.37・41・56
NEWYORKSTICK ファクトリーアウトレット

公路休息站 富士吉田
レーダードーム館
サンパークふじ
ふじさんミュージアム
忍野温泉
さかな公園
忍野高原

恩賜林庭園

富士吉田IC

東富士五湖道路

陸上自衛隊北富士駐屯地

忍野村

ハリモミ純林

都留市
石割山
1412.3
石割神社

富士全景場

フジロイヤル
ファナック

山中湖オートキャンプ場

山中湖 花の都公園 P.40
山中湖 花之都公園の黄花波斯菊 P.8
フローラルドーム「ふらら」 P.72

大平山 1295.4

山中湖温泉石割の湯

陸上自衛隊梨ヶ原廠舎

北富士演習場

山中湖IC

P.84 山中湖温泉 紅富士之湯

カントリーホテル スターダスト

山中湖村
道志

Cafe &Auberge 里休 P.76

長池親水公園

浅間神社
明神前

富士吉田市

ままの森
Tarte Cafe YMCA山の家
煮込みStewの店 Casserole P.65・67
P.9 山中湖的鑽石富士

富士と湖の宿 多賀扇
P.76 RISTORANTE Parco Del Cielo
山中湖 P.37

リゾートインピークラブ

鷹丸尾

P.76 FUJIYAMA KITCHEN
P.91 PICA 山中湖 Village
山中湖村役場

山中湖Swan Lake號遊覽船 P.67・68
山中湖美術館
山中湖的KABA P.65・67

全景台 P.40
山中湖写真ギャラリー

富士ゴルフコース
須走IC
文学の森公園 徳富蘇峰館
三島由紀夫文学館
御殿場
P.83 FUJIYAMA BAZAAR 森之站 P.83
水陸両用巴士 富士

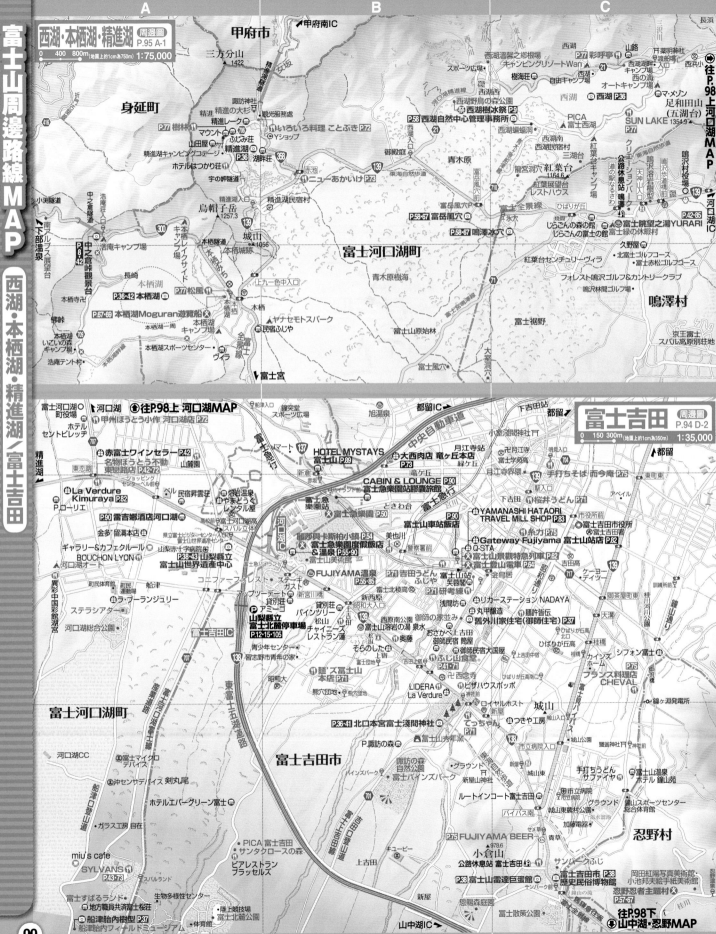

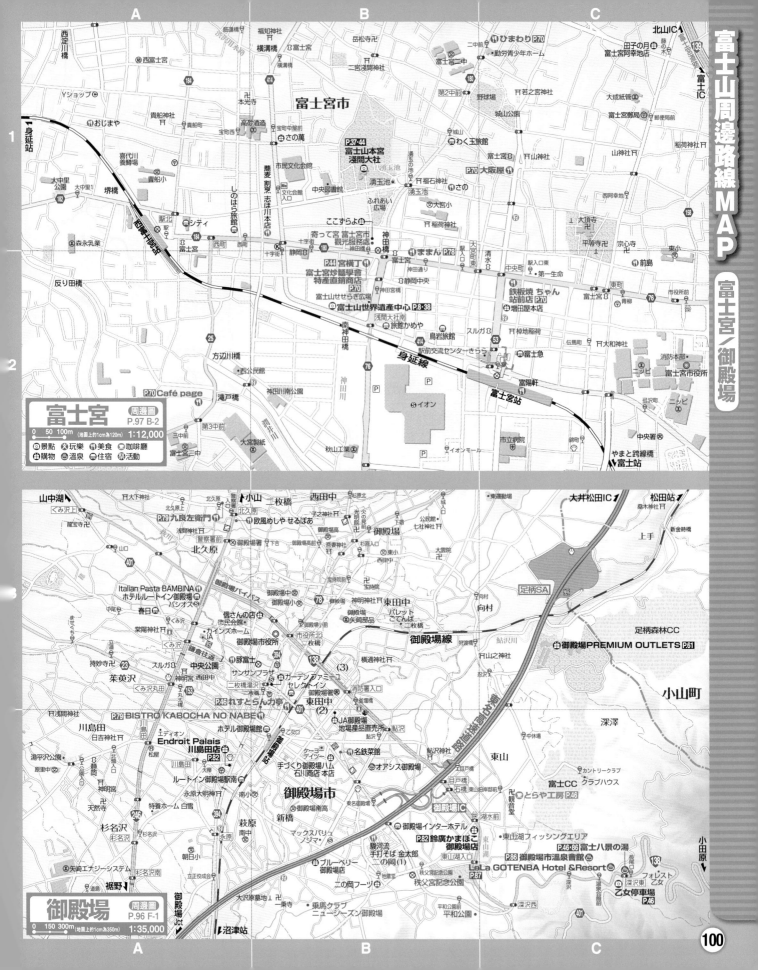

交通導覽

前往聳立於靜岡與山梨縣境的富士山，從兩縣出發都可以到達。

不管從哪裡出發，從東京出發也有鐵路、快速巴士等等，前往山麓城鎮的公共交通工具很豐富。

只不過，搭乘巴士、自駕、租車時，登山期間可能會被捲入塞車車潮中。

此外，需注意到富士山登山口的道路有自駕管制期。

搭乘公共交通工具前往

前往富士山登山口

有巴士行駛前往富士山的4個登山口，可以從各地的列車轉乘巴士前往五合目。至於通往登山大門的車站，從新宿站或東京站出發都有直達列車或巴士行駛，無論哪個登山口，從東京前往交通都很方便。若從東海、關西地區前往，富士宮口有新幹線車站的直通巴士可以到達，交通便利。

富士昴線五合目（吉田路線）

從富士急行的富士山站及河口湖站出發，有路線巴士行駛的富士山站與河口湖站出發，有路線巴士行駛（冬季停駛）。行駛班次會視季節而異，登山季的7～8月大概1小時1班。此外，旺季時從Busta新宿（新宿站新南口）也有行駛直達富士昴線五合目的巴士。

富士宮口五合目（富士宮路線）

從富士急行的靜岡站、新富士站、富士宮站、三島站與富士宮站、三島站出發，這當中的靜岡站，因此從遠方來訪時可以利用其中之一的車站，比較方便。這些巴士都只在繁忙期行駛，冬季停駛。

須走口五合目（須走路線）

有連接JR御殿場站、JR御殿場線的小田急新松田站，富士宮站、富士山站、三島站出發，富士山站、三島站的路線巴士。這當中的靜岡站是新幹線的停靠站，因此從遠方來訪時可以利用其中之一的車站，比較方便。這些巴士都只在繁忙期行駛，冬季停駛。

御殿場口新五合目（御殿場路線）

從JR御殿場站前往御殿場站前往御殿場口新五合目行駛。比其他登山口路線少，只在登山季行駛。比其他登山口行駛的班次少，請多加注意。

↑連接新宿與富士山地區的快速巴士

■ 前往富士山五合目登山口的巴士

登山口	出發地	所需時間	行駛班次	單程費用	往返費用	行駛期間（2017年、也含預計）
吉田口	Busta新宿（新宿站新南口）	2小時35分	1天2～9班	2700日圓	5400日圓	4月1日～9月24日的每天、9月25日～11月5日的週六、日、假日
	富士山站	1小時5分	1天7～8班	1540日圓	2100日圓	至12月中旬的每天
	河口湖站	55分	1天7～8班	1540日圓	2100日圓	至12月中旬的每天
富士宮口	靜岡站	2小時10分	1天1班	2600日圓	4700日圓	7月9日～8月31日的每天
	新富士站	2小時25分	1天3～9班	2380日圓	3100日圓	4月29日～7月9日的週六、日、假日、7月10日～9月10日的每天、9月16日～10月29日的週六、日、假日
	富士站	2小時20分	1天3班	2300日圓	3100日圓	
	富士宮站	1小時30～40分	1天3～12班	2030日圓	3100日圓	
	三島站	2小時10分	1天1～5班	2460日圓	3100日圓	7月8日～9月10日的每天
須走口	御殿場站	1小時	1天3～11班	1540日圓	2060日圓	5月13日～7月2日的週六、日、假日、7月8日～9月10日的每天、9月16日～10月29日的週六、日、假日
	新松田站	1小時30分	1天3班	2060日圓	3100日圓	7月15日～9月10日的每天
御殿場口	御殿場站	40分	1天3～7班	1110日圓	1540日圓	5月13日～7月2日的週六、日、假日、7月8日～9月10日的每天、9月16日～10月29日的週六、日、假日

前往河口湖‧山中湖

若從東京搭鐵路前往，在大月轉乘的路線，可以搭乘JR中央本線與富士急行。從東京地區到大月，除了利用特急「（超級）梓號」「甲斐路號」以外，僅憑乘車券也能搭乘的快速列車（含中央特快、通勤快速等等）也可以到大月。此外，雖然晚上才從東京發車，也能直達河口湖站、富士山站，則可以到富士山站下車，利用巴士。

從東京出發的巴士，在新宿站新南口的Busta新宿發車的班次很多，比起利用鐵路較便宜令人開心。東京站、橫濱站也有前往富士山的巴士都能在富士急樂園下車。

往山中湖、河口湖方向的大部分快速巴士也都能在富士急樂園下車。

此外澀谷MARK CITY、松本、金澤、高山、大阪（天王寺站）、博多等地也有前往河口湖站、富士湖的巴士中心。名古屋（名鐵巴士中心）、河口湖地區的巴士。

東京出發

往河口湖				
新宿站	特急「（超級）梓號」「甲斐路號」1小時1～2班	大月站	富士急行「富士山特急」「富士山景觀特急列車」1天5～6本（普通1小時1～2班）	河口湖站 → 2小時 4310日圓
新宿站	特急「朝霧號」1天3～4班	御殿場站	富士急行巴士 1小時1～2班	河口湖站 → 3小時10分 4320日圓
Busta新宿（新宿站新南口）	京王巴士‧富士急行巴士「中央高速巴士」1小時1～2班（另有澀谷MARK CITY發車1天12班）			河口湖站 → 1小時45分 1750日圓
東京站鐵鋼大樓	JR巴士關東‧富士急行巴士 1天14班（另有東京站八重洲南口發車1天9班）			河口湖站 → 1小時55分～2小時15分 1800日圓

往山中湖				
新宿站	特急「（超級）梓號」「甲斐路號」1小時1～2班	大月站	富士急行「富士山特急」「富士山景觀特急列車」1天5～6本（普通1小時1～2班）	富士山站 → 富士急山梨巴士 1天1～4班 → 山中湖旭日丘 → 2小時40分 4830日圓
新宿站	特急「朝霧號」1天3～4班	御殿場站	富士急山梨巴士 1小時1～2班	山中湖旭日丘 → 2小時30分 3790日圓
Busta新宿（新宿站新南口）	京王巴士‧富士急行巴士「中央高速巴士」1小時1～2班			山中湖旭日丘 → 2小時15分 2050日圓
東京站鐵鋼大樓	富士急行巴士 1天2班			山中湖旭日丘 → 2小時30分 2100日圓

名古屋出發

往河口湖				
名古屋站	東海道新幹線「回聲號」1小時2班（「光號」1天6班）	三島站	富士急City Bus（三島‧河口湖Liner）1天7班（需預約）	河口湖站 → 3小時50分 10550日圓
名鐵巴士中心	除了名鐵巴士以外還有「Resort Express」1天1班			河口湖站 → 4小時20分 3090～4110日圓

往山中湖				
名古屋站	東海道新幹線「回聲號」1小時2班（「光號」1天6班）	三島站	富士急City Bus（三島‧河口湖Liner）1天7班（需預約）	富士山中湖（富士山大飯店入口） → 3小時50分 10140日圓

方便舒適！富士山特急‧富士山景觀特急列車

富士急行除了普通列車以外，還有行駛「富士山特急」「富士山景觀特急列車」。特急費用從大月搭乘到富士山為400日圓（另需乘車券，只搭乘富士山～河口湖之間則不需特急費用）。富士山特急的展望車廂（1號車）的對號座票200日圓，富士山景觀特急列車的特別車廂（1號車）的特別車廂票900日圓分別需另購。乘車券或對號座票可以在富士山特急、富士山景觀特急列車停車站，以及主要旅行代理店，於乘車日1個月前開始購買。請向富士急預約中心（☎0555-73-8181）洽詢或預約對號座票。

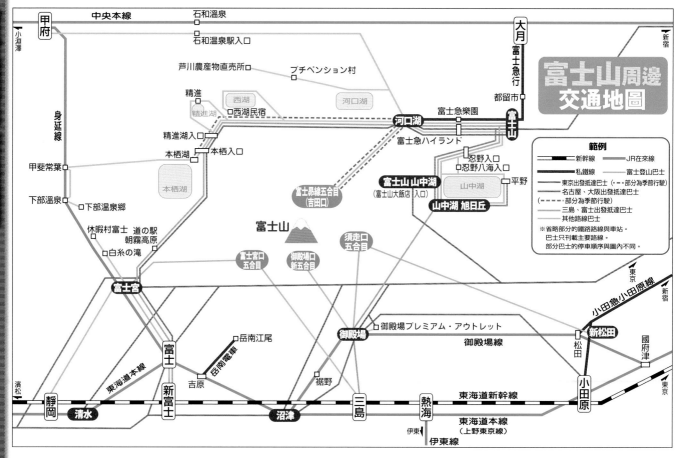

富士山周邊交通地圖

範例
- 新幹線
- JR在來線
- 私鐵線
- 富士登山巴士
- 東京出發抵達巴士（‥部分為季節行駛）
- 名古屋、大阪出發抵達巴士
- 三島、富士出發抵達巴士
- 其他路線巴士

※省略部分的鐵路路線與車站。
巴士只刊載主要路線。
部分巴士的停靠順序與圖內不同。

東京出發

路線	出發	中段		抵達	時間/費用
往御殿場	新宿站	特急「朝霧號」1天3~4班		御殿場站	1小時40分 2810日圓
往御殿場	Busta新宿（新宿站新南口）	小田急箱根高速巴士 1小時2班		御殿場站	1小時40分 1680日圓
往沼津	東京站	東海道新幹線「回聲號」1小時2班（「光號」1天6班）→三島站	東海道本線 1小時3~6班	沼津站	1小時10分 4520日圓
往沼津	東京站	東海道本線 1天9班（熱海轉乘的列車1小時2~4班）		沼津站	2小時20分 2270日圓
往富士宮	東京站	東海道新幹線「回聲號」1小時2班（「光號」1天6班）→三島站 東海道本線 1小時2~3班→富士站	身延線 1小時2~3班	富士宮站	2小時25分 4840日圓
往富士宮	東京站八重洲南口	富士急靜岡巴士「炒麵EXPRESS」1天8班（JR巴士關東也可預約）		富士宮站	2小時20~40分 2570日圓
往清水	東京站	東海道新幹線「光號」1小時1本（「回聲號」1小時2班）→靜岡站	東海道本線 1小時4~6班	清水站	1小時20分 6350日圓

名古屋出發

路線	出發	中段	抵達	時間/費用
往御殿場	名古屋站	東海道新幹線「回聲號」1小時2班（「光號」1天6班）→三島站 富士急City Bus 1小時1~2班	御殿場站	3小時 9260日圓
往沼津	名古屋站	東海道新幹線「回聲號」1小時2班（「光號」1天6班）→三島站 東海道本線 1小時3~6班	沼津站	2小時 8290日圓
往富士宮	名古屋站	東海道新幹線「光號」1小時1班→靜岡站 特急「廣景富士川號」1天7班	富士宮站	1小時45分 7630日圓
往清水	名古屋站	東海道新幹線「光號」1小時1班（「回聲號」1小時2班）→靜岡站 東海道本線 1小時4~6班	清水站	1小時20分 6350日圓

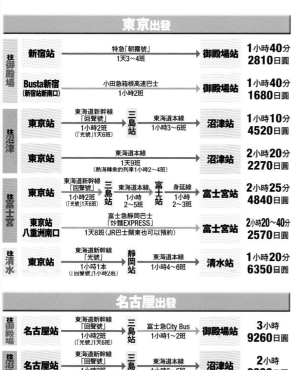

↑橫渡富士川橋梁的東海道新幹線

往御殿場

特急「朝霧號」行駛路線可以從小田急新宿站延伸到JR御殿場線。若從東海道本線走到國府津，再從那裡轉乘御殿場線。前往御殿場站的巴士，有從Busta新宿、東京站八重洲南口、羽田機場、橫濱站、三島站等地出發的路線。若從東海、關西地區前往，可以搭新幹線到三島站出來後換搭巴士，或從三島站搭東海道線移動到沼津，再轉乘御殿場線。此外，也有從大阪、京都出發的夜間巴士「金太郎號」。

↑小田急的特急「朝霧號」

往富士宮

若從東京前往，搭乘東京站八重洲南口發車的快速巴士「炒麵EXPRESS」很方便。此外新富士站、富士站也有行駛的巴士。若只搭東海道新幹線移動到三島站，再從三島站搭東海道本線到富士站，然後再次轉乘身延線。若從東海、關西地區前往，可以搭新幹線到富士站，再換乘前往甲府的特急「廣景富士川號」，或搭東海道新幹線到新富士站，轉乘前往富士山的巴士。也有從大阪、京都出發的夜行巴士「Fujiyama Liner」。

↑連接東京站與富士宮站的快速巴士「炒麵EXPRESS」

往沼津

若從東京前往，可以從東京站搭東海道新幹線往三島移動，在此轉乘東海道本線往沼津最快。此外，東京站也有直達沼津站的普通列車。若從東海、成田機場或靜岡地區前往，可以利用東海道新幹線搭到三島站，再轉乘東海道本線前往沼津站的巴士。Busta新宿、東京站八重洲南口、澀谷MARK CITY、成田機場等地有行駛前往沼津站的巴士。若從大阪、京都出發的夜間巴士「金太郎號」也會停靠沼津站。

往清水

搭鐵路前往，不管是從東京、東海、關西出發，都是搭乘東海道新幹線前往靜岡站，然後在此轉乘東海道本線前往清水站比較方便。東京則有東京站八重洲南口出發的「清水Liner」；從澀谷站、Busta新宿出發的「澀谷‧新宿Liner靜岡號」。

划算的票券

許多地方都有販售從東京移動前往富士山地區，或周遊富士山、富士五湖區域的方便票券。也隨附觀光景點的優惠，請掌握內容好好利用。

名稱	出發地	划算要點	發售價格	有效期間	發售地點
富士山フリーきっぷ	豐橋、三河安城、名古屋市內、岐阜羽島、米原、京都市內、大阪市內	「從出發地到自由區間的往返乘車券」＋「東海道新幹線（光號、回聲號）的普通車自由座特急券往返部分」＋「指定區間內的鐵路、巴士、船、空中纜車自由上下車」的套票。鐵路除了可以搭快速、普通列車的普通車自由座以外，也能利用靜岡～富士～富士宮間的特急普通車自由座。指定區間不含東海道新幹線。船只能使用一般船艙。指定區間請參閱右圖。	豐橋往返11730日圓 三河安城往返14710日圓 名古屋市內往返16260日圓 岐阜羽島往返16870日圓 米原往返20170日圓 京都市內往返22740日圓 大阪市內往返23870日圓	3天	出發地與其周邊的JR東海主要車站、主要旅行代理店
富士山滿喫きっぷ	指定區間的任意車站	指定區間內的鐵路、巴士、船、空中纜車可以自由上下車。鐵路僅限快速、普通列車的普通車自由座。不過另外購買特急券時，也能搭乘特急（寢台特急除外）。指定區間不含東海道新幹線。船只能使用一般船艙。來回需另外購買。指定區間與上述的「富士山フリーきっぷ」相同。	3070日圓	1天	東海道本線熱海～新所原之間、御殿場線沼津～下曾我之間、身延線富士～南甲府之間的JR東海主要車站、主要旅行代理店 ※熱海只在新幹線的轉乘口售票處發售
富士五湖エンジョイ！きっぷ	Busta新宿（新宿站新南口）	往富士五湖地區（河口湖站、山中湖、平野等等）的快速巴士來回票，加上❶河口湖周遊巴士與西湖周遊巴士自由優惠兌換券、❷山中湖周遊巴士「富士湖號」自由優惠兌換券的其中之一組成套票。也附合作設施的優惠券。用電話或網路預約來回快速巴士後，再於Busta新宿告知要購買使用這張票。	4350日圓	快速巴士為7天以內的指定日❶❷則為2天（限快速巴士有效期間內）	Busta新宿（新宿站新南口）※自由優惠兌換券的兌換地點❶＝河口湖站、❷＝富士山站或山中湖旭日丘（森之站）
富士山・富士五湖パスポート	指定區間的任意車站	富士急行下吉田站～河口湖站，以及路線巴士指定區間自由上下車。指定區間請參閱右圖。	2550日圓	2天	富士山站、河口湖站、山中湖旭日丘（森之站）、三島、新富士站、富士宮站、御殿場站的富士急巴士窗口等等
富士山・富士五湖パスポート『富士急電車セット』	指定區間的任意車站	富士急行全線，以及路線巴士指定區間自由上下車。指定區間請參閱右圖。	3550日圓	2天	大月站、富士山站、河口湖站、山中湖旭日丘（森之站）、三島、新富士站、富士宮站、御殿場站的富士急巴士窗口、主要旅行代理店
休日乗り放題きっぷ	自由區間內的任意JR車站	僅限週六、日、假日、過年期間任選1天，搭乘東海道本線的熱海～豐橋間，以及身延線、御殿場線全線的普通列車普通車自由座自由上下車。	2670日圓	1天	除了甲府、國府津以外，自由區間內的JR東海主要車站

富士山フリーきっぷ、富士山滿喫きっぷ

富士山、富士五湖パスポート 自由區間

富士山・富士五湖パスポート『富士急電車セット』

―― 鐵路 ―― 巴士 ―― 船 ―― 空中纜車

公共交通機關的洽詢單位

鐵路
JR東日本洽詢中心 ☎050-2016-1600
JR東海電話中心 ☎050-3772-3910
富士急行（富士山站）☎0555-22-7133
小田急客服中心 ☎03-3481-0066

高速巴士
京王快速巴士預約中心 ☎03-5376-2222
富士急預約中心 ☎0555-73-8181
JR巴士關東快速巴士預約中心
（東京～河口湖・富士宮）☎03-3844-0495
小田急箱根快速巴士電話預約中心 ☎03-3427-3160
名鐵快速巴士預約中心 ☎052-582-0489
近鐵快速巴士中心 ☎06-6772-1631

路線巴士・富士登山巴士
富士急山梨巴士
（在富士山站・河口湖站出發抵達）☎0555-72-6877
富士急靜岡巴士
（在靜岡站・新富士站・富士站・富士宮站出發抵達）☎0545-71-2495
富士急City Bus
（在三島站出發抵達）☎055-921-5367
富士急行御殿場營業所
（在御殿場站出發抵達）☎0550-82-1333
富士急湘南巴士
（在新松田站出發抵達）☎0465-84-0093

↑從JR新宿站新南口剪票口出來，正面有Busta新宿發車的快速巴士發車導覽。前往候車室或乘車處可以從這裡搭電扶梯直通

↪Busta新宿的候車室。也有完備的售票櫃台與售票機。若有任何不清楚或困難之處，可以去諮詢服務櫃台（7:00～23:00）

自駕・租車前往

往富士山登山口

若要前往富士昴線五合目（吉田路線），可以從中央自動車道河口湖IC或東富士五湖道路富士吉田IC利用富士昴線。

前往富士宮口五合目及御殿場口新五合目。可從東名快速道路御殿場IC經由國道138號，或從新東名快速道路新富士IC經由國道139號（西富士道路・富士宮道路），利用富士昴線。

若要前往須走口五合目，可以從東富士五湖道路須走IC出來，或從東名快速道路御殿場IC經由國道138號，利用靜岡縣道150號（富士薊線）。

往河口湖・山中湖

前往河口湖走中央自動車道河口湖IC；前往山中湖走東富士五湖道路山中湖IC最近。若從名古屋地區前往，首先走東名快速道路御殿場IC，從這裡北上國道138號，再經由東富士五湖道路。此時前往河口湖最近的是富士吉田IC。此外，御殿場IC也能用來當作東京地區前往山中湖的大門。

往御殿場

若從東京地區前往，利用東名快速道路，再從御殿場IC走國道138號前往市區。若從名古屋地區前往，首先進入東名快速道路，再從三日JCT到御殿場JCT，利用新東名快速道路最近。

↑從東名快速道路眺望富士山

往沼津

若從東京地區前往，利用東名快速道路。出沼津IC後，走縣道83號，南下國道246號即抵達市區。若從名古屋地區前往，也可利用新東名快速道路到三日JCT，再從這裡進入新東名快速道路即可。從新富士IC走國道139號（西富士道路）前往市區。若要前往朝霧高原，也可以直接走國道139號（西富士道路・富士宮道路）北上。

往富士宮

走新東名快速道路的新富士IC最近。若從東京地區來，走御殿場JCT；若從名古屋地區來，利用東名快速道路走到三日JCT，再從這裡進入新東名快速道路，在清水JCT回到東名快速道路。

往清水

要到靠近市區的清水IC，不管從東京或名古屋地區，走東名快速道路都是簡單的交通方式。若要從西邊前往久能山或三保松原，可以從清水IC西交叉路口進入縣道54號。若要從西邊前往市區或日本平地區，在東名快速道路的靜岡IC下，出來國道150號就很方便。

注意自駕管制！

登山季時前往富士山登山口的道路很擁擠，因此實施自駕管制。管制期間內，請停在山麓的停車場（每家都是1次1000日圓），再從停車場搭乘接駁巴士或計程車。

最新自駕管制資訊請上富士登山官網查詢（http://www.fujisan-climb.jp/）

2017年的自駕管制

登山路線	期間（也含預計）	替代方法
吉田路線	預計7月10日（週一）17：00～9月10日（週日）17：00	從東富士五湖道路富士吉田IC東側的山梨縣立富士山北麓停車場（MAP P.99 A-3）利用接駁巴士。接駁巴士行駛間隔30分，到五合目需時45分。接駁巴士往返1860日圓。
富士宮路線	7月10日（週一）9：00～9月10日（週日）18：00	從富士山天際線的水塚停車場（MAP P.96 D-1）利用接駁巴士或計程車。到五合目需時40分。接駁巴士往返1800日圓。
須走路線	7月10日（週一）12：00～9月10日（週日）12：00	在東富士五湖道路須走IC附近，富士薊線入口的須走多目的廣場（MAP P.94 E-3）停車。搭乘接駁巴士或計程車從須走多目的廣場到五合目。到五合目需時30分。接駁巴士往返1600日圓。

富士山周邊主要道路地圖

中央自動車道

範 例

▬▬	快速道路
▬▬	高規格收費道路
▬▬	一般收費道路
(137)	國道
▬▬	其他主要道路

省略部分快速道路的IC出入口。

小淵澤IC　甲府　秩父／山梨市　青梅街道　鹽山　鹽山
韮崎　甲府昭和IC　甲州街道　勝沼　大月IC　大月　奧多摩湖　八王子IC
甲府南IC　宮御坂IC　都留IC　都留　富士路
笛吹八代smart IC　蘆川　湖北景觀線　西湖　中央自動車道　河口湖
精進湖　富士全景線　河口湖IC　富士吉田IC　忍野　山中湖　道志路
本栖湖　富士昴線五合目　山中湖IC　二國峠
朝霧高原　富士山　須走口五合目　須走IC
上井出IC　富士宮口五合目　御殿場口新五合目　富士薊線
北IC　富士山天際線　南富士常青線　小山
富士宮　御殿場　御殿場IC　厚木IC
濱松濱北IC　小泉出入口　新東名高速道路　駿河灣沼津smart IC　裾野　宮之下
新清水IC　新富士IC　長泉沼津smart IC　小田原
靜岡IC　清水IC　富士川smart IC　廣見IC　西富士道路　富士IC　東名高速道路　愛鷹smart IC　沼津IC　沼津岡宮IC
清水　富士　東海道　三島加茂IC　三島塚原IC　伊豆縱貫自動車道
濱松IC　沼津　三島玉澤IC
大仁　修善寺

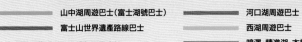

富士五湖 周邊 周遊巴士地圖

鳴澤・精進湖・本栖湖周遊巴士
從河口湖站前往鳴澤冰穴、精進湖、本栖湖地區不需換車。1天4班車。包含上述的「河口湖周遊巴士」「西湖周遊巴士」，2天內自由上下車的「河口湖／西湖／鳴澤・精進湖・本栖湖エリア共通フリークーポン」1500日圓。可以在河口湖站的富士急行巴士售票處，以及周遊巴士車內購買。

山中湖周遊巴士（富士湖號巴士）　　　河口湖周遊巴士
富士山世界遺產路線巴士　　　　　　　西湖周遊巴士
※山中湖周遊巴士只記載主要巴士站　　鳴澤・精進湖・本栖湖周遊巴士

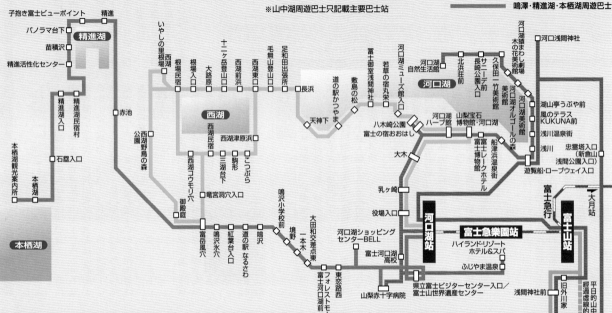

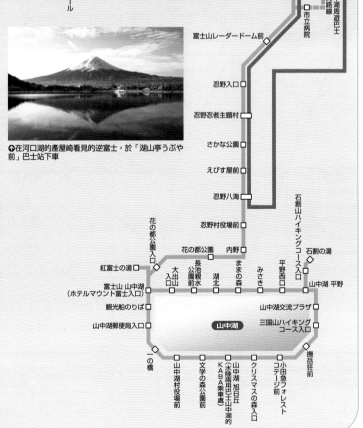

↑在河口湖的產屋崎看見的逆富士。於「湖山亭うぶや前」巴士站下車

河口湖周遊巴士
從河口湖站周遊河口湖香草館與河口湖美術館等地。1小時4班。從河口湖站往富士急樂園度假飯店方向的班次1天也有6班。

西湖周遊巴士
從河口湖站經過西湖南岸，前往西湖民宿、西湖蝙蝠洞、西湖溫馨之鄉根場等地，不用換車就能抵達。1小時2班。這台巴士和上述的河口湖周遊巴士全線，可以用2天自由上下車的河口湖・西湖共通區域優惠券1300日圓。可以在河口湖站的富士急行售票處與周遊巴士車內購買。

山中湖周遊巴士（富士湖號巴士）
從富士山站前往忍野八海、山中湖花之都公園、山中湖旭日丘地區。1天6班。其他還有從忍野八海發車的1天3班；從市立醫院發車的平日才行駛1天2班。除了2天內自由上下山中湖周遊巴士全線的1340日圓優惠券以外，也有忍野八海～山中湖區間，2天內自由上下車的1030日圓優惠券。無論在山中湖旭日丘的富士急行巴士窗口，或山中湖周遊巴士車內都能購買。1340日圓的優惠券在富士山站的富士急行巴士窗口也有販售。

富士山世界遺產路線巴士
從北口本宮富士淺間神社或河口淺間神社開始，周遊幾個世界遺產的組成資產。河口湖站發車5～6班。2天內自由上下路線巴士全線的自由優惠券1030日圓。可以在河口湖站、富士山站的富士急行巴士窗口，以及路線巴士車內購買。

按筆劃 INDEX

🔘 從河口湖畔的大石頭眺望壯闊的富士山

【 MM 哈日情報誌系列 8 】

富士山
富士五湖・富士宮

作者／MAPPLE昭文社編輯部
翻譯／陳冠貴、許芳瑋
校對／江宛軒、曾紓宥
編輯／林庭安、林德偉
發行人／周元白
排版製作／長城製版印刷股份有限公司
出版者／人人出版股份有限公司
地址／23145 新北市新店區寶橋路235巷6弄6號7樓
電話／（02）2918-3366（代表號）
傳真／（02）2914-0000
網址／www.jjp.com.tw
郵政劃撥帳號／16402311 人人出版股份有限公司
製版印刷／長城製版印刷股份有限公司
電話／（02）2918-3366（代表號）
經銷商／聯合發行股份有限公司
電話／（02）2917-8022
第一版第一刷／2018年5月
定價／新台幣360元

國家圖書館出版品預行編目（CIP）資料

富士山 富士五湖・富士宮 / MAPPLE昭文社編輯部作；
陳冠貴,許芳瑋翻譯. --
第一版.-- 新北市：人人, 2018.05
面； 公分. --（MM哈日情報誌系列；8）
ISBN 978-986-461-136-2（平裝）

1.旅遊 2.日本

731.9   107005148

Mapple magazine Fujisan Fujigoko・Fujinomiya
Copyright ©Shobunsha Publications, Inc, 2017
All rights reserved.
First original Japanese edition published by
Shobunsha Publications, Inc. Japan
Chinese (in traditional characters only) translation
rights arranged with Jen Jen Publishing Co., Ltd
through CREEK & RIVER Co., Ltd.